ME ODEIE PELOS MOTIVOS CERTOS

MARIO **SABINO**

me odeie pelos motivos certos

Copyright © 2021 Mario Sabino

EDITOR
José Mario Pereira

EDITORA ASSISTENTE
Christine Ajuz

REVISÃO
Cristina Pereira

PRODUÇÃO
Mariângela Felix

CAPA
Alexandre Andrade Gomes

DIAGRAMAÇÃO
Arte das Letras

CIP-BRASIL. CATALOGAÇÃO NA FONTE.
SINDICATO NACIONAL DOS EDITORES DE LIVROS, RJ.

Sabino, Mario
    Me odeie pelos motivos certos / Mario Sabino. – Rio de Janeiro: Topbooks Editora, 2021.

    ISBN: 978-65-5897-005-7

    1. Artigos jornalísticos - Coletâneas 2. Brasil - Política e governo 3. Crônicas jornalísticas I. Título.

21-73294   CDD-070.442

TODOS OS DIREITOS RESERVADOS POR
Topbooks Editora e Distribuidora de Livros Ltda.
Rua Visconde de Inhaúma, 58 / gr. 203 – Centro
Rio de Janeiro – CEP: 20091-007
Tels.: (21) 2233-8718 e 2283-1039
topbooks@topbooks.com.br/www.topbooks.com.br
Estamos também no Facebook e Instagram.

Para os meus filhos, André e Otavio

sumário

PREFÁCIO..11

I – DEMOCRACIA
    Lembre a data: 4 de junho de 1997 19
    Você é um idiota. Eu também..........................25
    Gilmar enternece 29
    Resista a eles e a você também.........................33
    Quem é um perigo para a democracia? 37
    Uma porcaria de livro 46
    Haddad, o transcandidato................................59
    De Hermes Bolsonaro a Getúlio Lula 64
    Renanus Calheirus 70
    As Julianas de Dallagnol...................................73
    O bisão mágico da Lava Jato............................78
    O Brasil não precisa de golpe 83
    Os maricas 90
    A boca grande de Paulo Guedes......................95
    O perigo é Lula virar o Polo Democrático 102
    O que é uma nação 108

II – IMPRENSA

O meu filho garçom e o filho de Lula 117
Imprensa boa é sem propaganda estatal 123
E lá fui eu parar na PF outra vez 129
Grampo ilegal é sequestro 134
O dia em que elogiei Dilma Rousseff 139
A *fake news* do PT e o dia em que fui indiciado 144
Um jantar na casa de Marcelo Odebrecht 150
O preço do pãozinho e o general Médici 158
Me odeie pelos motivos certos 162
O pequi roído 167
Não temos medo 170

III – LIBERDADES

O pênis místico de João de Deus 177
O suicídio do Brasil 181
A Bia, Paulo Freire e eu 186
Sejamos lúcidos sobre o nazismo 196
Os Sentinelas da impunidade 204
Ensine o seu filho a mentir na escola 209
Sou uma lagosta 215
Van Gogh interrompido 219
O massacre em Suzano 226
Gramsci e os policiais 230
O Doutor Maluco da Cloroquina 235
Hebe e a dica sobre a Odebrecht 242
Me engana, me bate, que eu gosto 248

prefácio

O título desta coletânea de artigos escritos para a revista *Crusoé* e o site *O Antagonista – Me Odeie pelos Motivos Certos* – é o mesmo de um dos textos incluídos no livro. Ele tenta dar conta do sentimento atual em relação à imprensa. O espírito de época apresenta-se, mais do que nunca, hostil ao jornalismo. A culpa, para variar, é também da imprensa. Ela paga o preço da progressiva ideologização das redações, processo que, por aqui, se acentuou bastante desde a entrada em cena do Partido dos Trabalhadores, há quarenta anos, e pôde ser tristemente verificado pela divulgação e a interpretação enviesada das mensagens roubadas da Lava Jato, produto de crime que jamais deveria embasar reportagens ou ações judiciais. Essa operação casada com parte do Judiciário, aquela incomodada com os procuradores e os juízes que faziam uma faxina nas diferentes esferas de poder, resultou na anulação das sentenças contra Lula – e eis que o ex-condenado por corrupção e lavagem de dinheiro está de volta à ribalta política que foi ainda mais conspurcada nos últimos dois anos e meio por Jair Bolsonaro e os seus aloprados.

É até certo ponto compreensível, portanto, que muitos leitores sejam levados a acreditar que as notícias publicadas pela imprensa são invariavelmente fruto de deturpações e más condutas – o intolerável é que alguns desses leitores deem vazão aos instintos mais primitivos em relação a jornalistas. Essa compreensão não nos deve cegar, contudo, para o erro igualmente primário de crer piamente em tudo aquilo que nos seja simpático e ter como fonte de informação exclusiva os nossos tuiteiros preferidos. Fato apurado é fato apurado, saibamos reconhecê-los, e acreditar em versões oficiais ou oficiosas como se fossem sempre expressão da verdade, porque isso confirma a nossa visão de mundo, é fechar olhos, tapar ouvidos e engolir qualquer balela que tentam nos enfiar goela abaixo. Trata-se igualmente de armadilha ideológica. Os erros ou males da imprensa devem ser apontados sem piedade, mas esse bom combate não pode desaguar em censura, sob pena de a sociedade perder a capacidade de fiscalizar o poder. Isso nunca deu certo. O bom combate requer ainda mais imprensa e leitores com discernimento, porque a saída está na vigilância mútua dos meios de comunicação, o que inclui a atenção permanente dos cidadãos que os sustentam.

É a segunda vez que cometo a imprudência de publicar uma coletânea de artigos. A primeira, intitulada *Cartas de um Antagonista*, foi lançada em 2016, pela editora Record.

Trazia textos divulgados na *newsletter* do site do qual sou cofundador, escritos quando o batalhão anti-imprensa já começava a encorpar-se de ambos os lados da trincheira política. Era, no entanto, momento bem diferente: o impeachment de Dilma Rousseff havia se concretizado, a Lava Jato voava em velocidade de cruzeiro, Lula estava acuado pela Justiça e Jair Bolsonaro não parecia ser capaz de transpor o muro do baixo clero na Câmara dos Deputados (existencialmente jamais conseguiu). Hoje, além de Lula ter escapado da Justiça (a verdadeira), a Lava Jato foi destruída, Jair Bolsonaro é desde 2019 um dos piores presidentes que o país já teve, a pandemia que paralisa o mundo é também de insensatez, incompetência e sociopatia neste país anêmico – e a guerra contra a imprensa é total, balas e bombas lançadas de todos os lados, merecida e imerecidamente.

Uma parte deste livro é composta por artigos que tratam desta minha profissão que nunca esteve tão em evidência, apesar da crença disseminada de que ela corre risco de extinção. As outras duas partes enfeixam artigos sobre política e suas personagens (a minha cruz diária) e escritos nos quais cometo a liberdade de discorrer sobre assuntos variados, seja como respiradouro, seja como ponto de partida para analogias com a situação nacional. A data de publicação está no pé nos artigos, todos publicados entre 2018 e 2021. Trinta e sete foram publicados na *Crusoé* e três, em *O Antagonista*. Não sigo a ordem cronológica nas subdivisões. Espero que a minha sequência subjetiva faça sentido para o leitor. Quando achei ser o caso, acresci ao final um comentário a título de atualização. Alguns títulos originais foram mudados, para ficar mais curtos. Em certos momentos, há redundância nas abordagens, mas é porque sou daqueles que insistem em martelar obviedades como jornalista (já fui criticado por essa mania, como em *Cartas de um Antagonista*). Transponho para a nossa realidade o que disse o escritor britânico George Orwell sobre a que o cercava: "Agora afundamos a uma tal profundidade que a reafirmação do óbvio é o primeiro dever dos homens inteligentes."

A imprudência maior de publicar uma coletânea de artigos não é a de me expor à refrega. Afinal de contas, a briga é cotidiana. A grande temeridade é a de cristalizá-los. Se o jornalismo é o primeiro rascunho da história, frase que ganhou fama na década de 50 do século passado graças ao americano Phil Graham, então *publisher* do jornal *The Washington Post*, o artigo ou a crônica não passam de notas de rodapé garatujadas. São rascunhos de rascunhos. Quero dizer com isso que, uma vez relidas a alguns anos de distância, podem revelar-se parcial ou inteiramente erradas na interpretação dos acontecimentos imediatos e nas suas projeções.

Por que, então, publicar em livro o que tem data de validade tão exígua quanto a de um laticínio, do ponto de vista histórico? Acredito que artigos e crônicas escritos com honestidade intelectual talvez ajudem a compor o quadro a ser estudado lá adiante, nem que seja como camada do pó que encardiu a moldura. É ao mesmo tempo ato de vaidade presente e humildade futura. Em resumo, se tudo der certo e houver um ou dois leitores para os artigos aqui reunidos, esses seres extremamente pacientes poderão me odiar pelos motivos certos.

São Paulo, abril de 2021.

democracia

Lembre a data:
4 de junho de 1997

A origem dos maiores problemas políticos do Brasil, desde a redemocratização, tem data: 4 de junho de 1997. Não esqueça de vestir luto a cada aniversário dela. Foi quando o Congresso promulgou a emenda constitucional que permite a reeleição:

> *O Presidente da República, os Governadores de Estado e do Distrito Federal, os Prefeitos e quem os houver sucedido, ou substituído no curso dos mandatos poderão ser reeleitos para um único período subsequente.*

Singelíssima, a própria emenda tem um vício de nascimento que seria reproduzido como nunca antes neste país: ela foi comprada pelo governo de Fernando Henrique Cardoso, que almejava ser reeleito a todo custo (e bota custo nisso). O tucano sempre negou a compra de parlamentares, mas a sistematização dessa prática começou com a emenda e foi elevada à condição de arte por Lula

– que, na sequência dos seus dois mandatos, criou a figura do poste, igualmente reelegível, o que pode proporcionar um mandato de 16 anos.

A reeleição é o nascedouro dos nossos maiores problemas porque o governante eleito, não importa o sinal ideológico, passa a preocupar-se unicamente com ficar mais quatro anos no poder. Assim, deixa de tomar medidas antipáticas necessárias à nação e passa a trabalhar em regime de dedicação exclusiva para ser reeleito, principalmente a partir do segundo ano de governo. Torna-se candidato com mandato, avançando sobre o Orçamento como se fosse recurso de campanha. As aves de rapina do Congresso, obviamente, cobram um preço elevado por isso. Criam dificuldades para vender facilidades, na forma de obstruções sistemáticas em votações relevantes, CPIs e pedidos de impeachment. Depois de levar o seu quinhão de dinheiro público, aderem. O fisiologismo e o corolário dele, a corrupção, sempre existiram, mas o seu coágulo mortal, o Centrão, só cresceu a ponto de entupir as artérias da democracia graças à emenda que constitucionalizou a reeleição.

Neste momento, portanto, Jair Bolsonaro só pensa em reeleger-se, esquecendo o que afirmou durante a campanha. Na crença de que os obstáculos policiais e políticos para sobreviver no Planalto foram superados, ele e os seus áulicos traçaram um plano. Eu o descrevi em *O Antagonista*:

Jair Bolsonaro elegeu-se com o discurso da Lava Jato e pretende reeleger-se com o discurso de Lula.

A nova CPMF sobre transações financeiras eletrônicas, proposta pelo governo, servirá para financiar uma versão turbinada do Bolsa Família, o Renda Brasil, e a desoneração da folha de pagamentos das empresas, para empregos de baixos salários. O objetivo é criar vagas para uma grande massa de trabalhadores sem qualificação e, assim, reduzir a percepção da miséria. O objetivo é criar o que se pode chamar de "nova classe D".

A avaliação é que a nova CPMF, se passar, será um "imposto invisível" e só a classe média continuará a reclamar dela por algum tempo. O fato de ser um imposto cumulativo não incomoda ninguém da equipe econômica.

Um pedaço da classe média, acreditam integrantes do governo, preferirá automaticamente Bolsonaro a qualquer outro nome da esquerda, em 2022. Quanto à parte que se decepcionou moralmente com Bolsonaro, ela deverá ficar com Sergio Moro, não há jeito, mas não deverá fazer frente àquela que se juntará à massa beneficiada pelo Renda Brasil e pela desoneração para criar empregos baratos. Moro amealhará votos, dizem, apenas entre o eleitorado "udenista" – que terá encolhido por causa da crise econômica causada pela pandemia. Crê-se também que o bombardeio da esquerda sobre o ex-ministro será capaz de beneficiar Bolsonaro na campanha do primeiro turno, ao erodir a imagem de Moro no eleitorado mais ao centro.

Para evitar maior sangria entre os eleitores da classe média preocupados com corrupção, o importante para Bolsonaro é que ações da Lava Jato represadas pela Justiça Eleitoral continuem a ocorrer de vez em quando, mas apenas como eco do passado, sem implicar novas frentes de investigação que poderiam estragar o acordão em Brasília.

A atuação desastrosa do presidente na pandemia será uma vaga lembrança em 2022, aposta-se, e largamente compensada pela ação na economia financiada pela nova CPMF. Ironicamente, a Covid-19 ajudará o atual inquilino do Planalto, ao proporcionar a criação de um imposto que representará uma injeção na veia de 120 bilhões de reais.

Esse é o plano para reeleger Bolsonaro.

Se conseguir aprovar a nova CPMF e não houver maiores solavancos até lá, Bolsonaro tem grande chance de dobrar a meta, como disse a centroavante trombadora Dilma Rousseff. Repetindo-me, ele foi eleito com o discurso da Lava Jato e pretende reeleger-se com o discurso de Lula. Até a sua fase paz e amor é uma cópia da do petista. Vez por outra, dará uma piscadela para a direita mais aguerrida, assim como fazia Lula com os seus aloprados ideológicos de esquerda. Ambos foram premidos pelas circunstâncias a amaciar a fala. Lula, para eleger-se presidente; Bolsonaro, por obra da prisão de Fabrício Queiroz e medo de implicações judiciais da sociopatia exercida livremente durante a pandemia (só o traço sociopático, aliás, o impede de fazer o teatro da comiseração, como seria necessário). O conselheiro Michel Temer provavelmente também lembrou Bolsonaro de como o marketing lulista havia funcionado e era preciso reprisá-lo. Encontrou ouvidos bem abertos. (Por sinal, os bolsonaristas deveriam pedir desculpas ao repórter Diego

Amorim, que revelou que Temer estava aconselhando Bolsonaro e foi acusado de publicar fake news.)

A questão que urge é salvar as aparências liberais de Paulo Guedes na economia e evitar mais debandadas na sua equipe, apesar do contínuo torpedeamento das reformas que seriam feitas. Vale até o mau teatro da reunião desta quarta-feira. É preciso acalmar o mercado financeiro, na opinião tanto de bolsonaristas como de opositores ligados aos bancos. Talvez o pessoal da Faria Lima se contente com uma reforma administrativa para inglês ver e a privatização dos Correios, por exemplo. O único ativo que faz diferença para os políticos em relação à estatal é o seu fundo de previdência, o Postalis. Elevar o teto de gastos para parecer que não foi furado? Nada que não possa ser reconstruído com a ajuda dos carpinteiros habituais. Ao fim e ao cabo, Guedes prometeu fazer e acontecer para tirar Brasília das nossas costas e poderá entrar na história como o criador de mais impostos enfeixados às pressas como reforma tributária. A regra de ouro é que um presidente precisa do nosso dinheiro para conseguir o segundo mandato. Ponto.

Tal é o quadro neste triste agosto de 2020, 23 anos depois da emenda da reeleição. Lembre a data e vista luto. Obrigado, Fernando Henrique Cardoso.

14.08.2020

COMENTÁRIO: Menos de um mês depois, em artigo publicado na *Folha de S. Paulo* e em *O Globo*, Fernando Henrique Cardoso admitiu que a emenda da reeleição foi um erro. "Cabe aqui um 'mea culpa'. Permiti, e por fim aceitei, o instituto da reeleição. (...) Sabia, e continuo pensando assim, que um mandato de quatro anos é pouco para 'fazer algo'. (...)Tinha em mente o que acontece nos Estados Unidos. Visto de hoje, entretanto, imaginar que os presidentes não farão o impossível para ganhar a reeleição é ingenuidade. (...) Devo reconhecer que historicamente foi um erro: se quatro anos são insuficientes e seis parecem ser muito tempo, em vez de pedir que no quarto ano o eleitorado dê um voto de tipo 'plebiscitário', seria preferível termos um mandato de cinco anos e ponto final", escreveu FHC. Quanto à compra de votos para a emenda, ele disse: "De pouco vale desmentir e dizer que a maioria da população e do Congresso era favorável à minha reeleição: temiam a vitória... do Lula."

Você é um idiota. Eu também

Você é um idiota. Eu também. A Odebrecht nunca pagou propina da sua conta de propina. A OAS nunca pagou propina da sua conta de propina. Empreiteira nenhuma jamais pagou propina da sua conta de propina. As contas de propina não eram contas de propina. Propina é um mal necessário. O país não anda sem propina. O Brasil ficou travado em quatro anos num moralismo enfrentando questões de ordem e esquecendo o progresso. Você nunca vai ter progresso se tiver que ter ordem como uma premissa. A Petrobras não foi saqueada por políticos. A Petrobras foi saqueada apenas por executivos. Bilhões, que bilhões? Lula é inocente. O tríplex de Lula nunca foi de Lula. O sítio de Lula nunca foi de Lula. O Instituto Lula nunca foi de Lula. Lula nunca teve conta de propina. Dilma Rousseff é inocente. José Dirceu é inocente. O PT não é uma organização criminosa. Michel Temer é inocente. Eduardo Cunha é inocente. Renan Calheiros é inocente. Sérgio Cabral já pagou o que devia. O PMDB não é uma organização criminosa. Ciro Nogueira é inocente. O PP não é uma organização criminosa. Aécio Neves é inocente. Beto Richa é inocente. O PSDB não é uma organização criminosa. A Lava Jato é uma operação ilegal. A Lava Jato é um braço dos golpistas. A Lava Jato é um braço da direita. Na direita só tem fascista. A gravação do Bessias foi armação. Lula nunca quis foro privilegiado. O impeachment de Dilma foi golpe. Pedalada não é fraude. Pedalada não é crime. Todo mundo pedalou. A crise econômica é responsabilidade do golpe. A crise econômica é responsabilidade de Jair Bolsonaro. A crise econômica é responsabilidade da Lava Jato. Deltan Dallagnol é corrupto. Deltan Dallagnol é torturador. Sergio Moro é corrupto. Sergio Moro é torturador. Antonio Palocci sempre foi mentiroso. O MPF é uma quadrilha. O TRF-4 age contra a lei. A Lava Jato nasceu na CIA. O STF está acovardado. A Lava Jato só existe por causa do STF. Gilmar Mendes defende o Estado de Direito. Dias Toffoli defende o Estado de Direito. Ricardo Lewandowski defende o Estado de Direito. Alexandre de Moraes defende o Estado de Direito. Marco Aurélio Mello defende o Estado de Direito. Celso de Mello defende o Estado de Direito. Rosa Weber defende o Estado de Direito. O inquérito sigiloso não é inconstitucional. O inquérito sigiloso não é sigiloso. A *Crusoé* não sofreu censura. *O Antagonista* não sofreu censura. A culpa é da Globo. A culpa é da imprensa. O STF não é covarde. O STF defende a democracia. A condução coercitiva é arbitrariedade. A prisão preventiva é tortura. A Justiça Eleitoral julga corrupção com caixa dois. A prisão de condenados em segunda instância é contra a Constituição. A prisão de condenados em segunda instância era só uma possibilidade. A prisão de condenados em segunda instância prejudica os pobres. A prisão de condenados em segunda instância vai explodir o sistema carcerário. Aboliram a presunção de inocência. Réu delatado é mais réu do que réu delator. É preciso rever a delação premiada. Ninguém pagou nada aos hackers. Os hackers são patriotas. As mensagens roubadas são provas válidas. Juiz jamais trocou mensagens com procurador. Juiz jamais conversou sozinho com advogado. Na Lava Jato só tem gente ordinária. Na Vaza Jato só tem gente bonita, elegante e sincera. A virtude é da imprensa. É preciso prender Deltan Dallagnol. É preciso prender Sergio Moro. É preciso superar a Lava Jato. O PT só cometeu erros. O PT só precisa fazer autocrítica. Lula é inocente. Bilhões, que bilhões? As contas de propina não eram contas de propina. Empreiteira nenhuma jamais pagou propina da sua conta de propina. A OAS nunca pagou propina da sua conta de propina. A Odebrecht nunca pagou propina da sua conta de propina. A OAS quebrada quebra o país. É preciso contratar a OAS livre. A Odebrecht quebrada quebra o país. É preciso contratar a Odebrecht livre. É preciso dar um julgamento justo a Lula livre. É preciso anular as condenações de Lula livre. É preciso soltar Lula livre. É preciso soltar todo mundo livre. É preciso dar o Nobel da

Democracia

Paz a Lula livre. É preciso reeleger Lula livre. Eu sou um idiota. Você também. A livre associação ainda é livre.

25.10.2019

COMENTÁRIO: As mensagens roubadas foram usadas apenas como "reforço argumentativo" no STF. Os processos de Lula não eram da competência de Justiça Federal de Curitiba. Sergio Moro é suspeito, como decidiu a Segunda Turma do Supremo. Lula vai salvar o Brasil de Jair Bolsonaro em 2022. Eu sou duplamente idiota. Você também.

Gilmar enternece

O ministro do STF, Gilmar Mendes, está mais exuberante do que nunca, depois da divulgação das mensagens roubadas do celular de Deltan Dallagnol. Ele agora afirma a jornalistas que prova ilegal *"não necessariamente anula (o seu uso pela Justiça). Porque se amanhã uma pessoa tiver sido alvo de uma condenação, por exemplo, por assassinato, e aí se descobrir por uma prova ilegal que ela não é autor do crime, se diz que em geral essa prova é válida"*. A Lava Jato não condenou Lula por assassinato, embora ele nos mate de rir quando afirma a sua honestidade, mas a analogia foi feita e a defesa do condenado captou a mensagem.

Sem caber em si de contentamento, Gilmar declarou a *O Globo*: *"O chefe da Lava Jato não era ninguém mais, ninguém menos do que Moro. O Dallagnol, está provado, é um bobinho. É um bobinho. Quem operava a Lava Jato era o Moro."* E ainda: *"Eu acho, por exemplo, que, na condenação do Lula, eles anularam a condenação."* Eu achava que juiz não podia antecipar voto pela imprensa, mas estava enganado.

Gilmar anunciou que será retomado no próximo dia 25, na imparcialíssima Segunda Turma do STF, o julgamento do HC da defesa de Lula que pede a suspeição de Sergio Moro no caso do triplex. O momento deve ter sido coincidência. Pelo jeito, o voto de Gilmar já está pronunciado e só falta agora ouvir os seus longos e gritados argumentos. Tem gente que se irrita quando Gilmar começa com as suas perorações. Ou até mesmo com a sua figura. Confesso que me enterneço com ele, assim como o meu amigo Michel de Montaigne, que de vez em quando aparece por aqui, enterneceu-se com os índios canibais do Brasil do século XVI.

No seu ensaio sobre o tema, Montaigne faz o elogio dos canibais. Ele achava impróprio chamá-los de "bárbaros", visto que os europeus também cometiam barbaridades. Para Montaigne, os canibais eram "selvagens", no sentido de representarem certa superioridade da natureza sobre a cultura europeia, assim como um fruto natural seria melhor do que um modificado pelo cultivo humano. Gosto mais de frutos cultivados, de preferência com grande quantidade de defensivos agrícolas na casca, mas me enterneço com Gilmar. Na minha modesta visão, ele representa o predomínio da natureza selvagem no Brasil do século XXI. O enternecimento é resultado do meu conformismo, devo admitir.

Da mesma forma que a natureza brasileira, Gilmar é indomesticável. Basta uma chuvinha e ele cresce como o nosso mato, luxuriante, pelas fendas do mármore já amarelado de Brasília. É um garantista cuja maior garantia é esperar o tempo certo para partir como um tupinambá vingativo contra o adversário a ser devorado. Montaigne enalteceu os selvagens brasileiros porque lhe contaram que alguns deles, exibidos como seres exóticos, ficaram impressionados com o contraste entre riqueza e pobreza, em Rouen, sob o rei Charles IX. Cinco séculos depois, constata-se que ocorreu mutação. Os nossos selvagens não só aumentam alegremente a distância entre ricos e pobres, como estão prestes a instaurar uma Justiça exótica que admite provas ilegais apenas para salvar corruptos poderosos condenados com abundância de provas legais – o que ofenderia os canibais de Montaigne, que respeitavam estritamente a regra de comer os inimigos, sem mudá-la a depender de qual fosse a tribo perdedora. É algo a ser investigado por geneticistas e antropólogos: será que a mutação obedeceu a determinações exclusivamente naturais ou houve alguma influência dos colonizadores ibéricos? Intrigante.

Por falar em cultura, até havia pouco, nos momentos em que Gilmar falava alemão, sentia-me um Hans Staden. Como o aventureiro alemão, fui prisioneiro dos tupinambás. O enternecimento, contudo, libertou-me. Estou até pensando em mandar gravar o ministro e atribuir o grampo ilegal a uma fonte anônima. Parece que nem precisa de perícia para verificar a autenticidade da peça. A natureza selvagem brasileira poderá, assim, mostrar-se por inteiro no seu caráter indomável. E todos ficarão igualmente livres para enternecer-se como eu.

14.06.2019

COMENTÁRIO: Gilmar Mendes usou informalmente as mensagens roubadas para declarar Sergio Moro suspeito nos processos nos quais Lula foi condenado. Logo depois do julgamento na Segunda Turma que chancelou o voto de Gilmar, a PF afirmou que a autenticidade das mensagens roubadas não poderia ser verificada. No país, o direito deixou finalmente de ser forma. É o que nos resta: enternecer-se com a natureza selvagem brasileira.

Resista a eles e a você também

Um misto de irritação e mortificação toma conta de mim diante desta janela em branco do Pages. O branco, que evocava a limpeza promovida pela Lava Jato, agora passou a evocar principalmente o branco dos colarinhos processados na Operação. Todos beneficiados pela decisão tomada ontem pelo STF: a de voltar a proibir a prisão de condenados em segunda instância. Eu a julgo vergonhosa. Se a Justiça não existe, então tudo é permitido, e Lula estará lá, solto para sempre. Resta dar um branco na memória coletiva, reescrevendo a história, como já começaram a fazer na imprensa, nas escolas e universidades.

Se você está irritado e mortificado como eu, tenho uma recomendação: resista. É o que estou fazendo agora, neste exato momento, diante desta página já não tão branca do Pages. Temos de resistir para que a história não seja reescrita pelos ideólogos. Temos de resistir para que a camarilha não volte nunca mais a ocupar o Palácio do Planalto. Para isso, é imperioso não cair na tentação de trocar de bandidos, porque há princípios que precisam ser cláusulas pétreas. Se a Justiça não existe, somente as urnas serão capazes de impedir o retorno dessa gente.

Nunca achei que fosse ser fácil. Mas também nunca achei que eles fossem tão audazes. Descubro-me ingênuo. Não perdi as ilusões quanto à imprensa, porque jamais as nutri. Exerço a segunda profissão mais antiga do mundo – tão necessária quanto à primeira, admito e defendo –, sem perder de vista a frase que Balzac emprestou a um dos seus personagens: "*Um jornalista é um acrobata.*" E mesmo jornalistas como eu, que tentam dar ordem a esse "*lupanar do pensamento*", às vezes executam exercícios solo de acrobacia, porque não rara é a necessidade de abolir a bondade para "*fazer-se mau*" (Balzac e Balzac).

As minhas ilusões existiam em relação aos tribunais superiores. Apesar de todas e abundantes provas em contrário que tive nestes mais de 35 anos de jornalismo, eu ainda achava que havia juízes em Brasília. Juízes em quantidade suficiente para reconhecer que há limites para a discricionariedade que lhes é garantida pela Constituição. Os déspotas de toga, no entanto, sentem-se livres para interpretá-la livremente, com a sua jurisprudência de ocasião. E com ares de indignação por serem contrariados pela realidade que rebaixam a mera gritaria da opinião pública.

Quanto a esse ponto, o dos togados, a minha recomendação é também resistir. Resistir a impulsos autoritários, porque tal deve ser a diferença entre nós e eles. Fechar o STF não é opção. Mudar o STF, sim. E muda-se o Supremo por meio de voto. Convença-se: foi o país que elegeu indiretamente os atuais ministros do tribunal, porque foi o país que colocou na Presidência quem os escolheu, à exceção do decano Celso de Mello, indicado pelo paraquedista José Sarney. É um fato. Os senadores, encarregados de escrutiná-los e que poderiam controlá-los, mas viram as costas para a nação, foram igualmente eleitos pelos brasileiros, não adianta fugir dessa obviedade. O mal, então, estaria na democracia? Resista a impulsos autoritários, repito, inclusive do ponto de vista pragmático. O cesarismo nunca resolveu nada no Brasil e em nenhuma parte do Ocidente e as suas adjacências, caso da América Latina. O mal, então, estaria nos brasileiros? Recuso-me a responder à minha própria pergunta. Estou irritado e mortificado, mas vou resistir ao meu impulso generalizante. Resista a si próprio, recomendo. Até porque a questão permanece em aberto desde os tempos de José Bonifácio (ainda ensinam sobre ele?). Disse Bonifácio:

> *Os brasileiros são entusiastas do belo ideal, amigos da sua liberdade e mal sofrem perder as regalias que uma vez adquiriram. Obedientes ao justo, inimigos do arbitrário, suportam melhor o roubo do que o vilipêndio; ignorantes por falta de instrução, mas cheios de talento por natureza; de imaginação brilhante e por isso amigos de novidades*

que prometem perfeição e enobrecimento; generosos, mas com bazófia; capazes de grandes ações, contanto que não exijam atenção aturada e não requeiram trabalho assíduo e monotônico; apaixonados do sexo por clima, vida e educação. Empreendem muito, acabam pouco. Serão os atenienses da América se não forem comprimidos e desanimados pelo despotismo.

Sem mais, desligo.

08.11.2019

COMENTÁRIO: A história já está sendo reescrita e não serão tolerados nem mesmo pequenos reparos.

Quem é um perigo para a democracia?

Minha primeira régua como eleitor é bastante simples: não voto em quem fala errado e não lê livros. Os livros que julgo certos, bem entendido, o que não significa que você tenha de concordar com eles. Por exemplo, se noto que um sujeito nunca ouviu falar de *Retrato do Brasil*, de Paulo Prado, eu o risco do meu caderninho (como tantas outras da sociologia nacional, a obra requer uma leitura sem anacronismos: mostra como certa elite enxergava o país, o que penso ser muito didático para entender como chegamos aqui). Exagero retórico, obviamente, posso deixar passar essa. A leitura dos livros certos, no entanto, é um critério que sempre evitou que eu votasse em Lula e evitará que vote em Jair Bolsonaro ou em qualquer outro candidato que está no páreo. Na verdade, é um critério que me levou a votar em muito pouca gente desde a década de 1980, quando comecei a minha via-crúcis de eleitor.

O meu colega Ruy Goiaba já escreveu que ler e ser culto não fazem ninguém necessariamente melhor.

Concordo. Em *Vidas dos Césares*, Suetônio conta que o imperador Nero teve o filósofo Sêneca como preceptor e conselheiro, compunha versos, achava-se grande cantor, a ponto de evitar falar a fim de conservar as cordas vocais, nutria "*um amor não pequeno*" pela pintura e escultura, chegou a dizer que "*a arte o manteria vivo*" – e, entre outras atrocidades, forçou Sêneca a suicidar-se e mandou matar a mãe (de quem examinou o cadáver, elogiando algumas partes e criticando outras), o meio-irmão, a mulher e o tio. Também incendiou Roma por senso estético. Ele não gostava da feiura dos velhos edifícios, das ruas demasiado estreitas e queria apropriar-se de áreas vizinhas ao seu magnífico palácio, a Domus Aurea, para embelezá-las (Domus Aurea que tinha afrescos com cenas da *Ilíada*, de Homero, uma das obras preferidas de Nero.) Escreve Suetônio: "*Alegrado – são as suas palavras – 'pela beleza das chamas', cantou A destruição de Troia.*"

Vidas dos Césares é um dos livros que julgo certos. Seria recomendável que os governantes o lessem, porque relata como o poder extremo leva a loucuras extremas que sobrepujam eventuais realizações positivas. No capítulo dedicado a Nero, aliás, Suetônio começa relatando o que o monstro fez de razoável – como tirar a licença dos condutores de quadrigas para promover tumultos e roubar. O autor também inclui entre as decisões acertadas de Nero ter supliciado cristãos, "*gênero de indivíduos dedicados a uma nova e maléfica superstição"*. Como bons cristãos, perdoemos o romano Suetônio.

Nero é exemplo de que leitura não implica sabedoria. Contudo, na minha opinião talvez intransferível, não ler torna alguém pior. No mínimo, porque demonstra falta de capacidade de concentração. Boa parte dos brasileiros pensa o oposto, não importa o espectro ideológico a que pertençam. Uma das razões de Lula ter sido elevado ao panteão da esquerda foi a sua falta de cultura, que expressaria a concreta sabedoria proletária, contra a alienação encobridora do capitalismo. Bolsonaro subiu ao altar da direita brasileira também por causa do seu anti-intelectualismo de militar adestrado nas regras imutáveis da balística – um tiro de canhão nos relativismos morais típicos do pensamento esquerdista. Lula e Bolsonaro são, assim, igualmente louvados pela sua ignorância.

É preciso admitir, no entanto, que há uma diferença fundamental entre os dois. Lula representa uma ameaça real à democracia; Bolsonaro, não, ao contrário do que propagam na imprensa. Pelo menos até o momento.

No poder, Lula e seus seguidores tentaram criar um Conselho Federal de Jornalismo, para amordaçar a imprensa. Quiseram expulsar o americano Larry Rohter do Brasil, porque o correspondente do jornal *The New York Times* fez uma reportagem sobre o alto consumo etílico do petista. Tiraram da editora Abril publicidade de estatais, por causa da cobertura da *Veja* dos escândalos petistas. Instituíram o mensalão, esquema para comprar votos da base aliada com dinheiro público. Forjaram um dossiê contra José Serra, pago com dinheiro da Odebrecht (o nosso dinheiro, quer dizer). Financiaram, com recursos públicos, blogs sujos para manchar a reputação de jornalistas críticos ao governo. Aparelharam a máquina federal de alto a baixo. Criaram um Conselho Nacional de Justiça para tentar controlar magistrados independentes. Cumpliciados com as maiores empreiteiras do país, dilapidaram a Petrobras, para enriquecer pessoalmente e promover campanhas políticas com montanhas de dinheiro roubado, um claro atentado ao âmago da democracia representativa. Aliaram-se ao venezuelano Hugo Chávez e ao cubano Fidel Castro, além de outros tiranetes latino-americanos, para minar liberdades fundamentais e tentar perpetuar-se no poder. Ao final, Dilma Rousseff – criatura de Lula – destruiu a economia, botou milhões de brasileiros na fila do desemprego e promoveu uma enorme fraude fiscal para maquiar as contas do governo, contrariando a lei e cometendo o crime de responsabilidade que a levou ao impeachment.

Bolsonaro não fez nada disso. É, até o momento, friso, apenas mais um político ignorante. A diferença é que o fato de ser de direita é um agravante na universidade e nos meios de comunicação colonizados pela esquerda. A sua defesa às vezes pitoresca do regime militar não significa automaticamente que queira virar ditador ou vá legalizar a tortura, como já deram a entender (e decerto a escolha do general Hamilton Mourão ajuda bastante os seus detratores). Quando diz que policial tem de matar bandidos e as pessoas têm o direito de autodefesa, ele expressa, Ipanema goste ou não, a opinião da maioria dos cidadãos, não de um gueto. Bolsonaro ataca a imprensa, mas nunca falou em "controle social da mídia". A sua misoginia (Janaína Paschoal não o acha misógino), grosseria e seus comentários politicamente incorretos sobre negros são os mesmos das conversas de boteco de petistas, assim como as suas piadas sobre gays – Bolsonaro só mostra a imprudência de dizer bobagens abertamente. Ou talvez a esperteza. Encontrei-o uma vez e perguntei se não iria suavizar o seu discurso. Respondeu que não, porque era esse discurso que o havia trazido até os patamares de popularidade que ocupa. Como se viu na entrevista na *GloboNews*, e se verá em todos os debates, o candidato desnorteia os jornalistas porque não atenua os seus pontos de vista nem tenta esconder o seu despreparo. Usa o reconhecimento desse despreparo como ativo. Como outra prova da sua diferença positiva em relação aos concorrentes, subvertendo a lógica eleitoral. Os seus eleitores aplaudem porque ele parece mais genuíno do que os concorrentes. Não menos importante, é enfático ao afirmar ser contra o PT e defender integralmente a Lava Jato. Bolsonaro traduz em ondas tropicais o cansaço de uma parcela expressiva de eleitores decepcionada com o cinismo da esquerda e a desonestidade acima da média histórica dos políticos em geral.

Eu jamais votaria em Lula ou no seu poste e nunca votaria em Bolsonaro, como já disse. Mas o primeiro provou ser infinitamente mais perigoso para a democracia do que o segundo – inclusive porque ainda conta com um partido forte e aliados de ocasião poderosos. Bolsonaro não tem quase ninguém do *establishment* do seu lado. Com o PT de volta à Presidência, o país entrará em curto-circuito institucional. Lula será beneficiado com indulto e, criminoso condenado, nomeará o ministro da Justiça, o diretor da PF, o PGR, ministros do STF e do STJ e desembargadores federais – além do presidente da Petrobras, empresa que está do lado dos acusadores em processos contra Lula. Com Bolsonaro na Presidência, ele terá de fazer alianças de forma idêntica aos outros – e o risco de não conseguir tecê-las será baixo, tendo a crer, porque político nacional gosta de aderir a quem tem a caneta na mão. Obviamente terá de mostrar flexibilidade, como qualquer Onyx Lorenzoni é capaz de lhe dizer. A gritaria da esquerda será trilha sonora constante durante todo o seu mandato, a estridência de Bolsonaro idem, mas estamos acostumados ao barulho desde sempre.

Sob Bolsonaro, o Brasil continuará a ser um país de segunda categoria, com um ministro da Fazenda competente que conseguirá fazer um décimo do que promete. Se Paulo Guedes aguentar o tranco e o Planalto e o Congresso não atrapalharem além da conta, gastos públicos serão contidos e algumas estatais, fechadas ou vendidas. Quem sabe haverá uma simplificação fiscal. Nada muito diferente do que ocorrerá no caso de Geraldo Alckmin conquistar a cadeira presidencial. Poderemos entrar, assim, num modesto círculo virtuoso, porque o mercado se contenta com pouco, visto que não nutre maiores esperanças em relação ao Brasil, que já foi devidamente precificado, desde que mantido em condições mínimas de temperatura e pressão. Sob Lula e o seu poste (ou Ciro Gomes), mergulharemos no caos, com a economia entregue desta vez a um maluco desenvolvimentista que revogaria as poucas reformas feitas sob Temer.

Dito isso, volto a Suetônio. Depois de Nero, o capítulo é sobre Galba. Ao contrário de Nero, um gastão, Galba era conhecido por sua avareza. Precisaríamos de um presidente avaro que durasse mais do que Galba. Ele foi assassinado e teve a cabeça cortada depois de sete meses no poder.

10.08.2018

COMENTÁRIO: "Uma vez no poder, Jair Bolsonaro açulou as suas hostes contra os poderes constituídos, dando pretexto a que manifestações legítimas de liberdade de expressão fossem misturadas às ilegítimas. Ele também flertou com o autogolpe, tentando cooptar militares. Como escrevi em outro artigo, 'depois de explodir todas as pontes de tráfego decente com o Congresso – com a ajuda estimável do gabinete do ódio especializado em fake news, equivalente aos blogs sujos do petismo – e inviabilizar um diálogo político minimamente saudável com deputados e senadores, o presidente sem partido estabeleceu uma pinguela com o Centrão, para contornar as dificuldades que ele mesmo criou e, no limite, um processo de impeachment. Sob os aplausos dos seus cúmplices no parlamento (petistas incluídos), Bolsonaro chancelou a destruição da Lava Jato e atingiu o máximo da infâmia ao forçar a demissão de Sergio Moro do Ministério da Justiça, a fim de mudar o diretor-geral da Polícia Federal e, assim, tentar evitar que investigações conduzidas no Rio de Janeiro alcançassem os seus filhos ou até ele próprio. A demissão de Moro teve ainda outro motivo: o medo de que o ex-ministro da Justiça lhe fizesse sombra em 2022. Bolsonaro, ao contrário do que dizia na campanha, quer ser reeleito. Com a cabeça na reeleição e refém do Centrão, o presidente estoura os cofres públicos. Em meio à urgência sanitária mundial, ele ainda demonstra o mais sociopático desprezo pela perda de milhares de vidas dos seus concidadãos'. Como não poderia deixar de ser, declarou guerra aberta à imprensa independente, que aponta os desvios no seu governo e critica o seu comportamento abjeto no enfrentamento a pandemia. Para tanto, usa da intimidação judicial. Enquanto bate no jornalismo independente, ele beneficia empresários amigos no setor de comunicação, a fim de obter noticiário favorável, quando não francamente propagandístico. Desesperado com as consequências políticas e criminais do relatório da CPI da Covid, além da possibilidade cada vez maior de perder a eleição em 2022, passou a atacar com virulência o STF e o TSE, com xingamentos a ministros do Supremo, e a divulgar notícias falsas sobre a falta de segurança das urnas eletrônicas. O seu alvo principal é o ministro Luís Roberto Barroso, que ordenou a abertura da CPI no Senado, em obediência à Constituição e ao regimento da casa, e preside neste momento o TSE. O ministro é forte opositor da adoção do voto impresso, que virou cavalo de batalha de Bolsonaro, apesar de ter sido fonte de inúmeras fraudes em eleições em todos os níveis, o contrário do que o presidente apregoa. Qualquer discussão racional sobre o tema foi anulada pelo destempero do presidente e as suas ameaças de intervenção militar. Em reação inédita na história da República, o STF e o TSE abriram investigações sobre a conduta de Jair Bolsonaro, atribuindo-lhe a suposta prática de diversos crimes. Na economia, o seu discurso de campanha, em prol de uma agenda liberal, deu lugar ao fisiologismo, à perpetuação do inchaço da máquina estatal, ao assistencialismo eleitoreiro e à intervenção federal em estatais que eram para ser privatizadas. A política populista de juros baixos resultou em aumento exponencial do preço do dólar e, consequentemente, em aumento de inflação. Hoje é possível dizer que Jair Bolsonaro e Lula se equivalem como ameaças à democracia, cada um a seu modo. E as recidivas de ambos podem ser ainda piores para o país."

Uma porcaria
de livro

Jornalistas não costumam ler muitos livros, com a exceção daqueles profissionais da resenha que ainda são pagos para exercer a função. Alegam falta de tempo. Assim, quando um livro começa a aparecer frequentemente em reportagens e artigos fora das minguadas seções literárias, deixo de lado as minhas leituras pessoais e me obrigo a ler o que os colegas citam. O livro mais citado atualmente em reportagens e artigos é *Como as democracias morrem*, dos americanos Steven Levitsky e Daniel Ziblatt, dois professores de ciência política na Universidade Harvard. É usado por aqui para alertar os leitores do risco que Jair Bolsonaro representa para a democracia brasileira.

Por aparecer tanto na imprensa, o livro deve estar vendendo bastante no Brasil. Tanto que Levitsky resolveu tirar mais uma casquinha e publicou nesta semana um artigo na *Folha de S. Paulo*. Vaticina que *"Jair Bolsonaro pode acabar com a democracia brasileira. Ele é mais autoritário que Orban, Erdogan, Duterte e até mesmo que*

Chávez. Se Bolsonaro vencer, o Brasil vai ficar mais parecido com a Venezuela: as eleições serão menos livres e justas, o Executivo abusará constantemente de seus poderes, o país ficará mais militarizado e violento, e direitos civis e humanos serão violados." Levitsky acrescenta que, para construir uma *"frente democrática"* contra Bolsonaro, o PT *"primeiro, precisa reconhecer seus erros. Isso vai ajudar a deixar o ar mais leve antes de qualquer conversa. Segundo, o PT precisa demonstrar seu comprometimento com o império da lei. O império da lei é essencial para qualquer democracia. É o que separa os verdadeiros democratas de Bolsonaro e sua relação oportunista com a lei. Para fazer esse compromisso crível, é fundamental assegurar que não haverá indulto para Lula e que cabe apenas ao ex-presidente a tarefa de provar sua inocência perante o judiciário brasileiro. Em uma sentença, o PT tem que mostrar que todos, até Lula, estão sujeitos ao império da lei".* Parece piada – e é uma piada. No mesmo dia em que foi publicado o artigo de Levitsky, o poste do presidiário repetiu ao SBT a lorota de que Sergio Moro, ao condenar Lula, *"não apresentou provas"* e que os tribunais superiores vão corrigir o *"erro"*. Cômico. Alguém precisa dizer urgentemente ao coautor de *Como as democracias morrem* que Lula e o PT foram cúmplices de Chávez e Maduro na morte da democracia venezuelana e que defendem a ditadura bolivariana, apesar de explorarem a defesa que Bolsonaro faz do regime militar de 1964.

Em geral, nós todos ficamos impressionados com professores de Harvard. Faz sentido. Nos rankings de universidades, ela aparece sempre entre as primeiras colocadas. A excelência é tamanha que desconfio de que, em Harvard, ganhar Prêmio Nobel é como ganhar o campeonato paulista de futebol para um dos times grandes do estado. Harvard virou um selo de qualidade tão prestigioso que os monoglotas Ciro Gomes e Geraldo Alckmin a incluem nos seus currículos. Basta fazer um curso de férias na universidade para adquirir atestado de sábio. E reputações são catapultadas quando se doa dinheiro a Harvard, como fez o banqueiro André Esteves. Ele presenteou a Business School da universidade com 25 milhões de dólares e, em troca, foi homenageado com uma plaquinha com o seu nome, antes de ser pego pela Lava Jato. Harvard se disse entristecida com o fato, mas não devolveu o dinheiro a Esteves. Tudo bem. Os 25 milhões de dólares certamente tiveram um destino grandioso para a humanidade.

Quem sou eu, portanto, para colocar em dúvida a respeitabilidade de professores de Harvard? Ninguém. Um zero. No máximo, um resenhista medíocre. Mas por ser ninguém, um zero, um resenhista medíocre, é que me sinto à vontade para afirmar que *Como as democracias morrem* é uma porcaria de livro. E mais: afirmo também que os colegas jornalistas não leram essa porcaria direito. Eles citam-no para alertar os leitores do risco que representa à candidatura de Jair Bolsonaro, como já disse, mas eu saí da leitura ainda mais convencido de que perigo maior seria a eleição do poste do presidiário. Se fosse objetivo, e não um prosélito da esquerda americana, Levitsky teria opinião idêntica, como se verá adiante. O meu julgamento utilizou o metro criado por ele e Ziblatt.

Os professores de Harvard partem do pressuposto óbvio de que democracias podem ser corroídas de dentro para fora por personalidades autoritárias. *"Autocratas eleitos"* que se vendem como *outsiders* antissistema e apostam na polarização política para destruir as instituições e perpetuar-se no governo. Eles teriam se tornado mais comuns do que os golpistas que apelam à força das armas para tomar o poder (pelo jeito, a África saiu do radar). Mas Levitsky e Ziblatt chegam à conclusão espantosa, antecipada no começo do livro, de que, sob Donald Trump, a democracia americana encontra-se ameaçada como se fosse uma república latino-americana ou uma nação do Leste Europeu. Escrevem que *"o paradoxo trágico da via eleitoral para o autoritarismo é que os assassinos da democracia usam as próprias instituições democráticas – gradual, sutil e mesmo legalmente – para matá-la"*. Acrescentam que *"Os Estados Unidos fracassaram no primeiro teste em novembro de 2016, quando elegemos um presidente cuja sujeição às normas democráticas é dúbia"*. E, em seguida, afirmam não ter certeza de que o famoso sistema de freios e contrapesos americano será capaz de sobreviver a Trump, um *"demagogo extremista"*.

Não tenho simpatia por Trump, repito o que já escrevi sobre ele num artigo de 2016, de minha lavra exclusiva, para o aborrecimento de leitores que voltarão a me xingar por causa da minha opinião. É um mentiroso igual a qualquer político tradicional. E concordo com Levitsky e Ziblatt que Trump é fruto de uma reação às mudanças demográfico-ideológicas que ocorrem nos Estados Unidos, com todas as suas consequências econômicas e sociais. Mas daí a compará-lo com Mussolini, Hitler, Chávez, Putin ou Erdogan e dizer que o sistema democrático fragilizou-se por causa dele é, *come on, guys*, de uma desonestidade intelectual digna da USP.

É como se Trump fosse mais perigoso para a democracia americana do que a Guerra de Secessão, a Grande Depressão, a aventura desastrosa no Vietnã, Watergate, os atentados terroristas de 2001 e a crise financeira de 2008. A tal polarização, aquele fenômeno que curiosamente ocorre somente quando a esquerda é apeada do governo pela maioria dos eleitores, preocupa os assustadiços Levitsky e Ziblatt, porque *"os políticos norte-americanos agora tratam seus rivais como inimigos, intimidam a imprensa livre e ameaçam rejeitar o resultado das eleições. Eles tentam enfraquecer as salvaguardas institucionais de nossa democracia, incluindo tribunais, serviços de inteligência, escritórios e comissões de ética".*

Como ameaça à democracia, Trump é um fracasso retumbante, convenhamos. Nunca houve um presidente americano tão escrutinado como ele. O Departamento de Justiça não sai do seu pé e o próprio Partido Republicano, acusado de excessivo direitismo por Levitsky e Ziblatt, gostaria de livrar-se do sujeito cor de laranja. A despeito das ameaças de Trump de cercear a imprensa – jamais concretizadas –, os jornalistas surram impiedosamente o inquilino da Casa Branca. Nem mesmo Richard Nixon apanhou tanto. Bater em Trump e esperar o revide no Twitter é ótimo para os negócios, assim como defendê-lo sem vergonha também é fantástico para o bolso, como sabe a *Fox News*. A circulação dos jornais *The Washington Post* e *The New York Times*, francamente hostis a Trump, aumentou de modo impressionante em 2017. O "Pravda on the Potomac" dobrou o número de assinantes digitais; o "Pravda on the Hudson" teve um crescimento de 42% na base de leitores. Este ano deve ser outro sucesso comercial, porque o tiroteio entre o presidente e a imprensa não cessa, para o interesse de ambos os lados (uma troca de tiros deve estar acontecendo neste exato momento). O *New York Times* chegou a publicar um artigo sem assinatura – sem assinatura, repita-se – atribuído a um assessor com cadeira na Casa Branca que diz que o presidente dos Estados Unidos se comporta como maluco. O autoritarismo de que acusam Trump está de tal forma contido pelos pesos e contrapesos que ele não consegue nem mesmo aprovar com tranquilidade um juiz conservador para a Suprema Corte, por causa de acusações de abuso sexual contra o indicado estampadas em manchetes e que resultaram em investigação do FBI. Ora, democracia nenhuma está em perigo quando a imprensa é livre dessa maneira e fatura com tal liberdade. Em qualquer regime autoritário, a primeira vítima é a liberdade de informação, opinião e expressão.

Um livro que ilustra a possibilidade de corrosão da democracia americana com exemplos latino-americanos e europeus deveria ser menos ligeiro no aspecto histórico. O chileno Salvador Allende é pintado por Levitsky e Ziblatt como um democrata, mas era um marxista declarado que promoveu a paralisação da economia do Chile por meio de um processo de estatização selvagem. O fato de Allende acreditar ser possível chegar ao poder e nele manter-se pelas urnas, a meu ver, só o torna um "autocrata eleito" que não perdeu a ternura – o que não justifica, obviamente, a sua morte trágica e toda a matança promovida por Augusto Pinochet. Levitsky e Ziblatt, aliás, reconhecem que o pacto político chamado de Concertação Democrática, aquela que derrubou o general por plebiscito, fez bem à estabilidade democrática do Chile, ao promover *"a prática de cooperação informal"* entre os partidos. Inclusive com a negociação de legislação *"com partidos de direita que tinham apoiado a ditadura e defendido Pinochet"*. E lamentam que os partidos americanos não consigam seguir esse exemplo. É impressão minha ou Levitsky e Ziblatt acham que Bolsonaro pode vir a ser pior do que Pinochet?

A ligeireza dos autores é verificável também pelo seguinte trecho: *"Reais ou não, autoritários em potencial estão sempre prontos a explorar crises para justificar a tomada do poder. Talvez o caso mais conhecido seja a resposta de Adof Hitler ao incêndio do Reichstag em 27 de fevereiro de 1933, apenas um mês depois de ele prestar juramento como chanceler. Saber se foi um jovem holandês com simpatias comunistas que ateou fogo ao edifício do Parlamento alemão, em Berlim, ou se foi a liderança nazista é uma questão que permanece em debate entre historiadores."* Como assim? Será que a biblioteca de Harvard não tem um exemplar sequer do portentoso *A ascensão e queda do Terceiro Reich*, do historiador William L. Shirer, que foi correspondente na Berlim nazista?

Shirer diz que a história do incêndio no Reichstag provavelmente jamais será conhecida por inteiro, mas revela que nazistas utilizaram um túnel secreto para chegar ao prédio e lá espalhar gasolina e substâncias químicas inflamáveis, facilitando a ação do holandês Marinus van der Lubbe. O comunista piromaníaco foi encorajado por nazistas infiltrados a realizar o atentado, a fim de pretextar o endurecimento do regime. No julgamento de Nuremberg, Hans Gisevius, oficial do Ministério do Interior da Prússia, disse que Goebbels foi quem primeiro pensou em atear fogo ao Reichstag. Rudolf Diels, chefe da Gestapo, afirmou em depoimento que *"Goering sabia exatamente como o fogo começaria"* e o mandou *"preparar, antes do incêndio, uma lista com pessoas a serem presas imediatamente depois disso"*. O general Franz Halder lembrou, no seu depoimento, como Goering vangloriou-se do seu feito: *"No almoço de aniversário do Fuehrer, em 1942, a conversa encaminhou-se para o assunto do prédio do Reichstag e o seu valor artístico. Ouvi com as minhas próprias orelhas quando Goering interrompeu a conversa e gritou: 'O único que realmente sabe sobre o Reichstag sou eu, porque eu pus fogo nele.'"* A biblioteca de Harvard não conta com cópias das atas de Nuremberg? Ou já foi queimada por Trump, juntamente com o Capitólio?

Dá para entender que não se pode perder tempo com minúcias históricas, quando se tem pressa em colocar a democracia americana na UTI. Em *Como as democracias morrem*, Levitsky e Ziblatt incluíram tabelas de diagnóstico, como a intitulada *"Os quatro principais indicadores de comportamento autoritário"*, para iluminar o caminho dos coitados dos eleitores ingênuos. Ao contrário dos jornalistas que usam o livro para alertar sobre o perigo representado por Bolsonaro, usei a tabela para analisar o capitão da reserva do Exército e Fernando Haddad. E, surpresa, surpresa, o mais autoritário pela tabela é o poste do presidiário, não Bolsonaro.

Vamos aos itens da tabela e às respectivas constatações no caso brasileiro (aprenda com você mesmo, Levitsky):

1) *"Rejeição das regras democráticas do jogo (ou compromisso débil com elas)":* Quem tinha no plano de governo violar a Constituição com a convocação de uma Assembleia Constituinte era Fernando Haddad. Ele só voltou atrás depois do desastre do primeiro turno. Quanto ao mesmo tema, Bolsonaro desautorizou Hamilton Mourão, depois que o general apenas disse que notáveis deveriam escrever uma nova Constituição, sem Constituinte. O capitão da reserva errou ao tentar colocar em dúvida a legitimidade das eleições, ao afirmar que haveria fraudes gigantescas por causa das urnas eletrônicas, mas o PT faz coisa pior ao bater na tecla de que a eleição sem o condenado Lula é fraude e espalhar essa mentira internacionalmente.

2) "Negação da legitimidade dos oponentes políticos": Quem acusa o oponente de *"fascista"* é o PT, sem nenhuma base para isso, como reconheceu até Fernando Henrique Cardoso. Quando Bolsonaro se refere à participação do PT no autoritário Foro de São Paulo, trata-se de fato gravado e documentado. Em relação aos esquemas de corrupção descobertos desde 2005, a cúpula petista foi definida como organização criminosa pela Justiça brasileira, não pelo capitão da reserva. E nesta reta final de campanha, Haddad tenta deslegitimar Bolsonaro, com uma denúncia até o momento vazia de que o adversário

usa ilegalmente o WhatsApp para disseminar *fake news* e será eleito por causa dessa suposta fraude eleitoral.

3) *"Tolerância ou encorajamento à violência":* Quem ameaçou derramar sangue se Lula fosse condenado foi o PT, que ainda insiste em atacar os juízes que sentenciaram o chefe. Simular que tem arma nas mãos é um mau gesto de Bolsonaro. O PT apoia e conta com o apoio de movimentos como o MST e o MTST, que lançam mão da violência para ocupar propriedades privadas e desafiar a lei. Os radicais de Bolsonaro agem sem o seu consentimento, aparentemente, e os seus atos foram condenados pelo candidato que apoiam. O capitão da reserva justifica a tortura durante o regime militar, algo execrável, mas o PT avaliza o terrorismo das organizações de esquerda da época, como se elas tivessem sido defensoras da democracia, não pela implantação de um regime totalitário de esquerda no Brasil.

4) *"Propensão a restringir liberdades civis de oponentes, inclusive a mídia":* Quem tem no plano de governo o controle da imprensa é Fernando Haddad. Bolsonaro ataca a cobertura dos jornais sobre ele, mas reitera que a liberdade de imprensa é intocável. O PT promoveu e promove a perseguição judicial a jornalistas independentes, caso deste que vos fala. E quer censurar o WhatsApp.

Levitsky e Ziblatt não contemplam, em *Como as democracias morrem*, a mirabolância de um condenado por corrupção e lavagem de dinheiro que planeja escapar da cana diretamente para a Presidência da República, a fim de matar as instituições que o enjaularam. E que conta com um único adversário eleitoralmente forte que defende a permanência do criminoso na prisão. É estranho que os autores, em meio a tantas referências internacionais, tenham ignorado a atual situação de uma das maiores democracias do mundo, a brasileira, que foi e continua a ser minada por "autocratas eleitos" pelo PT, em aliança com corruptos e fisiológicos de diferentes matizes. Mas não é estranho que Levitsky escreva apressadamente um artigo ligeiro, para vender mais exemplares da porcaria do seu livro a perfeitos idiotas latino-americanos. Harvard, afinal de contas, é respeitabilíssima.

19.10.2018

COMENTÁRIO: Jair Bolsonaro mostrou ser ameaça à democracia, assim como Lula. Da mesma forma que o petista, usa os seus radicais para tentar intimidar, ataca a imprensa independente, apoia-se politicamente em fisiológicos, tem crimes a esconder e juntou-se ao seu suposto antípoda ideológico para dar um fim ao combate à impunidade. Como ficaria demonstrado ao longo do seu governo, ele somente se apropriou de visões corretas para eleger-se presidente da República. Seja como for, a democracia no Brasil resiste, ainda não somos uma Venezuela, e as ameaças a ela, hoje, partem também dos que dizem defendê-la e, para tanto, fustigam a Constituição com jurisprudências de ocasião e patrulham a liberdade de expressão. Se Lula voltar ao poder, o quadro continuará ruim, apesar das aparências em contrário. O PT não reconheceu "erro" nenhum, juntou-se a Bolsonaro para torpedear a luta anticorrupção e Lula não pagou suficientemente pelos seus crimes. Partido e chefão agora reescrevem a história, na pior tradição autoritária. A recusa de Donald Trump em aceitar a derrota para Joe Biden e a invasão do Capitólio por um grupelho de trumpistas aloprados podem levar o leitor a dar alguma razão aos autores de *Como as democracias morrem*. A grande paisagem mostra, contudo, que a democracia se fortaleceu nos Estados Unidos, depois de quatro anos de testes de estresse com Trump. Ele foi incapaz de impor as suas mentiras e solapar irremediavelmente as instituições. A sociedade americana é capaz de dar respostas firmes a quem afronta as suas liberdades. Espera-se que os autores do livro continuem vigilantes quanto à necessidade de defender a democracia durante o governo do democrata (contém ironia).

Haddad, o transcandidato

Poste, fantoche, marionete, boneco de ventríloquo, vassalo, lacaio, capacho. Nenhuma dessas imagens dá conta do estranho caso de Fernando Haddad e Lula. Trata-se de um fenômeno que vai muito além da total submissão política da qual a história está cheia em quaisquer latitudes. Dmitri Medvedev, por exemplo, é poste, fantoche, marionete, boneco de ventríloquo, vassalo, lacaio e capacho do déspota Vladimir Putin. É o preposto de plantão nos mais altos cargos de comando da Rússia, para fingir que existe alternância de poder no país. Mas Medvedev, ao que consta, jamais colocou uma máscara de Putin e disse que ele é Putin e que Putin é ele.

Ao que parece, ser ou não ser Lula esteve longe de ser uma questão para Haddad, a julgar pela tranquilidade com que aceitou despir-se da própria identidade e vestir a do chefe. E já que citei Shakespeare na diagonal, Haddad talvez até se dispusesse de forma espontânea a dar uma libra da própria carne ao Shylock de Garanhuns, apenas para exibir nove dedos – e, desse modo, corporificar a renúncia de identidade que serve tão somente ao projeto de liberdade e revanche do condenado. "*Você não pode comer carne humana, mas se ela nada mais alimenta, alimentará a minha vingança*", diz o agiota Shylock, ao justificar o preço que cobrou de Antonio. Para o ressentido Lula, todos os que o condenaram e aplaudiram a sua condenação são Antonio (leia *O mercador de Veneza*, vale a pena).

Embora não conheça pessoalmente Haddad, e o seu cotidiano me seja tão interessante quanto o meu a ele, fico intrigado com as eventuais repercussões cotidianas do fenômeno. Ao se olhar no espelho, ele perturba-se ao ver refletidas as suas próprias feições, a ponto de perguntar-se "onde está a minha barba"? Depois de um dia inteiro sendo Lula, ele volta a ser Haddad, ao sentar-se para jantar com a sua família, ou o ex-aluno de escolas de elite pede para que lhe passem "as travessa"? Na sequência do jantar, ele assiste a uma série da Netflix ou enche a cara de cambuci, lembrando os tempos de sindicato e "aquelas gostosa"? Haddad é Lula enquanto dorme? Explico: ele sofre de apneia e sonha em traçar uma rabada com polenta fora da cadeia?

Levamos os primeiros 25 anos construindo a nossa identidade individual – aquele conjunto de características com as quais tentamos nos diferenciar dos outros. É um processo que começa no inconsciente, com a superação ou não do complexo de Édipo (pois é, sou um entusiasta do charlatão de Viena, de quem aconselho igualmente a leitura) e depois sobe a níveis mais ou menos conscientes. Na voragem hormonal da adolescência, a construção da identidade individual, que já passou pela moldagem familiar, é mais acentuada, tanto pela escolha da tribo a que se adere, como pela diferenciação que se busca dentro da tribo escolhida. Queremos ser iguais aos nossos semelhantes e ao mesmo tempo diferentes. Ao entrar na vida adulta, somos a síntese parcial dessas tese e antítese. Síntese parcial que determinará as nossas escolhas – e personas – profissional, intelectual, amorosa e ideológica. Nesse processo, é natural que possamos ter crises de identidade, expressão criada pelo psicanalista Erik Erikson.

Alemão naturalizado americano, Erikson sofreu bombardeio dos freudianos ortodoxos, ao concluir que a formação de um indivíduo estava em grande parte associada a vínculos psicossociais. Com base nisso, propôs uma espécie de roteiro para a criação de gente linda, bacana e sincera. Para ele, a chance de ser lindo, bacana e sincero aumenta exponencialmente se você cresce ajudado por pessoas lindas, bacanas e sinceras. Assim, pode até mesmo anular psiquismos inconscientes da infância mais tenra. Embora isso soe um tanto óbvio hoje, os freudianos ortodoxos acusaram-no de "higienismo" – "higienismo" está para a psicanálise e adjacências, assim como "golpismo" está para o petismo e adjacências. Erikson é um personagem curioso. Ao descobrir que não era filho do marido da sua mãe, mas de pai desconhecido, ele mudou o seu sobrenome judaico de Homburger para Erikson, ou "filho de Erik", e se converteu ao luteranismo. A questão da identidade, portanto, não poderia deixar de ser central na sua obra. Ele sofreu uma crise de identidade, mas não trocou a sua por de outra pessoa, como Haddad. Se Erikson ainda estivesse vivo, eu o entrevistaria sobre o caso do petista.

Haddad Jekyll e o seu Lula Hyde não se encaixam, ainda, no transtorno dissociativo de personalidade, embora haja quem diagnostique patologia na adoração irrestrita ao condenado ou em qualquer culto à personalidade do qual autoritarismo e totalitarismos são pródigos. Fosse transtorno dissociativo de personalidade, teria se apresentado mais cedo na vida de Haddad. Não há registro de que o moço tenha se passado por Lula quando estava nos bancos do Colégio Bandeirantes. Quanto ao culto à personalidade, sem dúvida a afecção está presente na operação mental que permitiu a Haddad renunciar à sua própria. Porém não a explica inteiramente. Jaques Wagner, por exemplo, recusou-se a fazer esse papel, embora idolatre Lula.

Eu tendo a crer que o fenômeno que acomete Haddad só não causa maiores perplexidades do ponto de vista psicológico, porque hoje a identidade virou mercadoria de supermercado sujeita aos direitos do consumidor. Vende-se a ideia de que podemos trocar facilmente de características essenciais como quem troca de cuecas ou calcinhas. Ou cuecas por calcinhas e calcinhas por cuecas. É uma ideia falsa martelada na imprensa e na televisão. Ora, se você pode ser trans isto ou aquilo, qual é o problema de assumir a identidade de outro político e tornar-se um transcandidato?

Sei que "Haddad é Lula e Lula é Haddad" é um evidente estelionato eleitoral e que a minha elucubração soará desnecessária – e até mesmo tola – a vários leitores. Mas sigo espantado e intrigado, porque o caso de Haddad é único na história mundial. Será que ele vai cortar o mindinho da mão esquerda? Pior: será que já não vê o mindinho da mão esquerda mesmo o tendo conservado?

Eu ficaria mais tranquilo se Haddad afirmasse ser Napoleão Bonaparte. E pusesse um chapéu de duas pontas até o próximo 7 de outubro.

21.09.2018

COMENTÁRIO: Fernando Haddad continua à disposição para ser transcandidato a qualquer cargo. Não se muda a natureza interior.

De Hermes Bolsonaro a Getúlio Lula

Imagine você se, em 1964, os brasileiros estivessem debatendo na imprensa o que ocorreu em 1910 e adjacências, como se episódios datados de mais de meio século fossem determinantes para definir os rumos do país a partir dali. A hipotética discussão seria, provavelmente, sobre se a eleição do marechal Hermes da Fonseca foi fraudada ou não (todas as eleições na República Velha foram fraudadas) e se ele não abusou nas sucessivas decretações de estado de sítio. Não faria o menor sentido.

Esse tipo de debate extemporâneo está acontecendo em 2018, quando insistem em voltar ao tema do regime militar instaurado em 1964. Foi ditadura ou "*ditabranda*"? Roberto Marinho estava certo ao apoiar o que chamava de "*revolução*" ou a razão está com os herdeiros que fizeram um *mea-culpa*, em 2013, do que chamam de "*golpe*"? Não faz o menor sentido para quem precisa desesperadamente de emprego, renda, transporte, escolas e hospitais.

Alguém poderia rebater dizendo que faz sentido, sim, porque há um candidato, Jair Bolsonaro, que defende os generais de 1964 e, com a perda da confiança na democracia, por causa dos escândalos de corrupção, há um monte de gente pregando a volta dos militares ao poder. A minha resposta é simples: os militares sempre foram protagonistas da história política, a confiança na democracia nunca foi muito arraigada entre os brasileiros, mas eles parecem bem conformados com o sistema representativo – e, não menos importante, o fato de um político admirar déspotas mais ou menos esclarecidos não significa necessariamente que, uma vez eleito presidente, vá dar um golpe na democracia. Pode ser preocupante num determinado caso, como se verá.

Comecemos pelos militares. Não é exatamente um segredo que a República foi proclamada no Brasil pela caserna, em conluio com uma nascente classe média urbana e cafeicultores insatisfeitos com a abolição da escravatura. Tanto que os dois primeiros presidentes foram generais (Deodoro da Fonseca e Floriano Peixoto). Depois houve o já citado Hermes da Fonseca, o movimento tenentista (do qual brotaram comunistas como o então capitão Luís Carlos Prestes), a junta governativa provisória que precedeu Getúlio Vargas em 1930, o oficialato que deu suporte à instauração do Estado Novo em 1937 (e seria responsável pelo fim da ditadura getulista), a eleição de Eurico Gaspar Dutra em 1945, os generais do regime instaurado em 1964 e, agora, um capitão da reserva como candidato ao Planalto. O retrospecto do pessoal da farda mostra que o seu comportamento é pendular, mas, desde a redemocratização de 1985, ele está menos suscetível às vivandeiras que vão bulir com os granadeiros nos bivaques. Prefere mandar recados – em especial, a tribunais superiores que insistem em tentar contornar a Constituição. O que não vem sendo ruim, diga-se.

Em relação à confiança na democracia, se ela nunca se apresentou forte por aqui, é verdade também que aos poucos os brasileiros estão se convencendo de que se trata do pior dos sistemas, excetuados todos os outros já tentados na história da humanidade. Pelo menos metade dos nossos concidadãos sabe que a maior ameaça à democracia não está nos quartéis, e sim numa sala da Superintendência da Polícia Federal no Paraná.

Por fim, a admiração por déspotas. O que Jair Bolsonaro pensa sobre os generais de 1964 não é lá tão diferente do que Fernando Henrique Cardoso pensa sobre o ditador Getúlio Vargas. Na contracapa do segundo volume da biografia escrita por Lira Neto, está estampada a seguinte frase de FHC: *"Li quase de um fôlego só o primeiro volume do livro de Lira Neto sobre Getúlio. É admirável seu rigor na busca dos fatos, na abstenção de julgamentos morais e o desenrolar de um enredo que mostra o itinerário humano, intelectual e político de um homem que, a despeito do que se pense sobre suas ações e posições, teve a grandeza que só os estadistas possuem."*

O trabalho de Lira Neto é excelente, mas o que importa neste artigo é FHC julgar o ditador Getúlio Vargas um "grande estadista", a despeito de ter mandado prender, torturar e matar opositores, fechado o Parlamento, promulgado uma Constituição de inspiração fascista, mantido a imprensa sob censura férrea, empastelado redações de jornais críticos ao regime, instituído o mais desavergonhado culto à personalidade e criminalizado a política, ao considerá-la um impedimento ao progresso da nação. Antes disso, como advogado, ajudou a proteger o seu irmão pedófilo. Prezar o seu bom legado e desprezar o seu mau legado é, no mínimo, aceitar que os fins justificam os meios. Aqueles que temem o revisionismo de Bolsonaro sobre os horrores de 1964 deveriam considerar o que eles próprios fizeram em relação aos horrores de Getúlio. Na Itália, seria inconcebível a existência de uma "Fundação Benito Mussolini", enquanto no Brasil ninguém acha espantoso uma instituição respeitável chamar-se Fundação Getúlio Vargas. Não é de hoje que não temos limites na *"abstenção de julgamentos morais"*. No entanto, FHC é uma ameaça à democracia, por achar o ditador um "grande estadista"?

Logo abaixo do elogio de FHC, lê-se a seguinte frase de Lula: "*Poucas vezes vi alguém descrever tão bem a história de Getúlio Vargas e do povo gaúcho como o Lira Neto na primeira parte da sua trilogia. Foi tão impactante para mim que me vi andando com Getúlio, fumando um charuto, pela rua da Praia, em Porto Alegre.*" Pode-se duvidar de que o petista tenha realmente atravessado o livro, mas fica evidente o bovarismo de Lula, decalcado da mentira martelada pela esquerda de que houve "dois Getúlios": o ditador e o presidente convertido à democracia, ao ser eleito em 1950.

Lula, que se viu "andando com Getúlio", quer fazer-se passar por democrata quando na verdade não é. As tentativas do petista de solapar a democracia por dentro, a fim de perpetuar-se no poder, foram elencadas por mim neste espaço e são do conhecimento de qualquer pessoa informada sobre os últimos 16 anos da interminável tragicomédia brasileira. Solapar a democracia por dentro foi exatamente o que Getúlio fez até conseguir instaurar o Estado Novo – e que teria repetido, se pudesse, depois de suceder Dutra por meio do voto. Mas ele já não contava com os militares e os adversários aprenderam o seu jogo. Saiu da vida para entrar na história, com um gesto que revela o seu narcisismo de déspota: o suicídio acompanhado de "carta-testamento". Gesto que propiciaria hagiologias oportunistas e resultariam, em 2010, na iniciativa de Lula de inscrever Getúlio Vargas no Livro dos Heróis da Pátria (uma autoinscrição bovarista). Desde então, os petistas sentiram-se legitimados a comparar livremente as alegadas virtudes de ambos – o que se acirrou, é claro, após a prisão do chefão condenado. Os dois "pais dos pobres" seriam vítimas das "elites", dos "reacionários", mentira que embasa a farsa da condenação sem provas do petista.

Se é para discutir acontecimentos de décadas atrás, eu recuaria até os anos 30. E ficaria mais preocupado com o bovarismo de Lula em relação a Getúlio Vargas do que com os encômios de Jair Bolsonaro aos Hermes da Fonseca de 1964.

31.08.2018

COMENTÁRIO: Getúlio Vargas não morreu.

Renanus Calheirus

Não existe sistema de representação democrática perfeito, mas o Senado brasileiro é uma excrescência incomparável num país generoso em excrescências. Em teoria, serve para equilibrar o sistema federativo no Legislativo – não importa o tamanho da população de cada estado, todos têm direito a três senadores. Na prática, o Senado desequilibra ainda mais o sistema federativo, uma vez que, na Câmara Federal, os estados mais populosos são sub-representados, em favor daqueles menos populosos.

Enquanto vereadores, deputados, prefeitos, governadores e o presidente da República têm mandato de quatro anos, senadores têm mandato de espantosos oito anos. Quase uma década. E que pode ser indefinidamente renovado, ao contrário do que ocorre com integrantes do Poder Executivo, eleitos igualmente em pleitos majoritários. O privilégio serve para reforçar o poder oligárquico das famílias que dominam estados inteiros nas áreas mais pobres do país – como provam os Sarney, os Barbalho e os Calheiros.

Além de contar com outras funções exclusivas, o Senado revisa os projetos de leis dos deputados – com o adicional de propor projetos de lavra própria, usurpando a principal atribuição da verdadeira Casa do Povo, a Câmara Federal. Oitenta e um senadores têm, portanto, poderes ainda maiores do que os de 513 deputados. A usurpação custa caro: em média, um senador e sua corte custam 54 milhões de reais por ano aos cofres públicos, enquanto um deputado e seus sequazes de gabinete custam 12 milhões de reais por ano.

Como se tem visto com frequência, o Senado tem a capacidade de sequestrar pautas que são do interesse da nação, aparelhar órgãos de controle, manter relações incestuosas com o Judiciário, chantagear a iniciativa privada – e, assim, enriquecer indevidamente integrantes seus de maneira ainda mais despudorada do que ocorre entre os deputados. Não existe senador de baixo clero, todos são cardeais.

Eu aboliria o Senado tranquilamente, sem prejuízo para a democracia. Já que parece impossível, conteria danos por meio da adoção do bicameralismo desigual, assim como ocorre na França e na Alemanha, mas com um Senado com atribuições ainda menores do que os desses países. Os senadores – com mandato de quatro anos – teriam somente o papel de revisar projetos de emendas constitucionais, julgar pedidos de impeachment e aprovar nomes indicados para o Banco Central e tribunais superiores (com sabatinas de verdade). Se tivessem apenas tais funções, não precisariam morar em Brasília e não teriam necessidade – real ou fictícia – para manter estruturas imensas pagas pelos contribuintes. A minha reforma do Legislativo incluiria também a adoção do voto distrital misto para deputados federais (baratearia as campanhas e haveria um ganho em representatividade) e a diminuição de 513 para 400 integrantes da Câmara – uma economia de 1 bilhão e 350 milhões de reais por ano.

No seu desenho atual, repito, o Senado é uma excrescência num país generoso em excrescências. Se é para mantê-lo dessa forma, que os senadores sejam ao menos obrigados a usar toga, como na Roma Antiga. Eu adoraria ver o sempiterno Renanus Calheirus de toga, com implante capilar e fios pintados de acaju, destilando o seu incomensurável amor por Fernando Henrique Cardoso, Lula, Dilma Rousseff ou Jair Bolsonaro. Renanus Calheirus ama tanto o Brasil que acha que tudo deve mudar para que tudo fique como está.

18.01.2019

COMENTÁRIO: Renanus Calheirus é uma ideia em permanente execução.

As Julianas de Dallagnol

Estou em Portugal. Não física, mas intelectualmente. Em Portugal do século XVII. *Ordenações Filipinas, Livro V,* capítulo *Dos que Abrem as Cartas Del-Rei ou da Rainha, Ou de Outras Pessoas*:

> *Qualquer que abrir nossa carta assinada por nós, em que se contenham coisas de segredo que especialmente pertençam à guarda de nossa pessoa ou estado, ou da rainha minha mulher, ou do príncipe meu filho, ou à guarda e defesa de nossos reinos, e descobrir o segredo dela, do que a nós poderia vir algum prejuízo ou desserviço, mandamos que morra por isso.*

El-Rei acrescenta:

> *E os que abrirem as cartas de outras pessoas serão punidos segundo a qualidade das pessoas que as enviarem e a quem forem enviadas, e ao que nelas for conteúdo e da pessoa que as abrir.*

Eu mandaria um exemplar das *Ordenações Filipinas* para Walter Delgatti Neto, o estelionatário e hacker que agora é tratado como "estudante de direito" pela *Folha de S. Paulo*. Só para mostrar como ele tem sorte de viver numa democracia – e leniente – como a brasileira, não numa monarquia absolutista ou "*ditadura da República de Curitiba*", como quer fazer crer o afável ministro Gilmar Mendes, alfacinha de coração. Fosse pelo código legal português promulgado em 1603, por Filipe I, e que permaneceu em vigor até 1830, ele já estaria de língua para fora, pendurado pelo pescoço. Delgatti Neto, bem entendido.

Longe de mim sugerir que se volte a enforcar violadores de correspondência. Mas o que era considerado crime há quatrocentos anos por El-Rei de Portugal continua a ser crime hoje no Brasil independente. Vá lá na Constituição Federal, que norteia o Código Penal. Está logo no artigo quinto, inciso XII:

> *É inviolável o sigilo de correspondência e das comunicações telegráficas, de dados e das comunicações telefônicas, salvo, no último caso, por ordem judicial, nas hipóteses e na forma que a lei estabelecer para fins de investigação criminal ou instrução processual penal.*

O inciso X também é instrutivo:

São invioláveis a intimidade, a vida privada, a honra e a imagem das pessoas, assegurado o direito a indenização pelo dano material ou moral decorrente de sua violação.

Nada disso, contudo, vem sendo respeitado no caso da invasão do Telegram do procurador Deltan Dallagnol. Deve ser porque *"gente ordinária"*, como diz o gentil ministro Gilmar Mendes, merece ser expulsa do abrigo constitucional e tratada com certo relativismo, num eco das *Ordenações Filipinas* – *"segundo a qualidade"* de cada um. De qualquer forma, a Constituição Federal encontra-se momentaneamente suspensa, desde que El-Rei Dias Toffoli ordenou a instauração daquele inquérito sigiloso e ilegal que censurou a *Crusoé* por ter publicado uma reportagem baseada em documento público que desagradou a El-Rei – e me levou para a frente de um delegado da PF. As últimas de Brasília dão conta de que voltaremos ao Estado de Direito em dezembro, quando o inquérito sigiloso e ilegal chegar ao fim, se El-Rei não adiá-lo de novo.

A violação de correspondência e toda a sua vileza são o tema de um grande romance da nossa língua cada vez mais inculta e menos bela: *O primo Basílio*, de Eça de Queiroz. Portugal, agora em 1878. Luísa, burguesa casada com o engenheiro Jorge, tem um caso amoroso com o Basílio do título, um dândi sem escrúpulos. A empregada do casal, Juliana, rouba uma carta de Basílio para Luísa e chantageia a patroa ameaçando publicá-la. Juliana faz-se de coitada, mas é rancorosa, acha que o mundo tem dívidas com ela. A descrição de Eça é terrível:

> *A necessidade de se constranger trouxe-lhe o hábito de odiar: odiou sobretudo as patroas, com um ódio irracional e pueril. Tivera-as ricas, com palacetes, e pobres, mulheres de empregados, velhas e raparigas, coléricas e pacientes; – odiava a todas, sem diferença. É patroa e basta! Pela mais simples palavra, pelo ato mais trivial! Se as via sentadas: – Ainda refestela-se, que a moura trabalha! Se as via sair: – Vai-te, a negra cá fica no buraco! Cada riso delas era uma ofensa à sua tristeza doentia; cada vestido novo uma afronta ao seu velho vestido de merino tingido. Detestava-as na alegria dos filhos e nas prosperidades da casa. Rogava-lhes pragas. Se os amos tinham um dia de contrariedade, ou via as caras tristes, cantarolava todo o dia em voz de falsete a Carta Adorada! Com que gosto trazia a conta retardada dum credor impaciente, quando pressentia embaraços na casa! "Este papel! – gritava com uma voz estridente – diz que não se vai embora sem uma resposta!" Todos os lutos a deleitavam – e sob o xale preto, que lhe tinham comprado, tinha palpitações de regozijo. Tinha visto morrer criancinhas, e nem a aflição das mães a comover; encolhia os ombros: "Vai dali, vai fazer outro, Cabras!"*

Juliana tem palpitações de regozijo quando lê as palavras amorosas de Basílio a Luísa. A chantagem tem lá prazeres extras. Imagino palpitar idêntico nas Julianas que conservam as mensagens de Deltan Dallagnol. É procurador da Lava Jato e basta! As Julianas estão livres da punição prevista pelas *Ordenações Filipinas* graças à democracia. Estão livres da Constituição Federal e do Código Penal graças à chantagem travestida de interesse público e liberdade de imprensa. Estão livres porque não temos um Eça de Queiroz para imortalizar o seu ódio irracional e pueril.

Precisamos ao menos de um Eça de Queiroz.

30.08.2019

COMENTÁRIO: Nunca teremos um Eça de Queiroz.

O bisão mágico
da Lava Jato

Enquanto eu acompanhava a fala do germanista Gilmar Mendes na sessão da Segunda Turma do STF em que ele cumpriu exemplarmente o serviço de exterminar a Lava Jato, fui tomado por uma sensação de náusea. À náusea, sucederam-se a dor de cabeça, a insônia e, a ambas, a indignação. Dentro do natural processo de depuração a que precisamos recorrer, agora tento de alguma forma elaborar intelectualmente o que ocorreu. Não para justificar o injustificável, mas para tentar domar os instintos mais primitivos, o que é pressuposto da civilização.

A palavra "primitivos" me remete ao austríaco E.H. Gombrich, autor de *História da arte*, no qual o sábio se torna professor, para nos ciceronear didaticamente pelos campos da pintura, da escultura e da arquitetura. A pintura, especialmente, é a arte que mais me fascina. Sem a menor habilidade para o cavalete e os pigmentos, tento aprender a pintar com as palavras. Também aqui, infelizmente, não tive tutores, e se hoje traço linhas apenas corretas como estas, foi graças ao aprendizado solitário que extraí da série de resenhas, artigos e reportagens ruins na essência e cheios de clichês nos inícios dos meus 37 anos de carreira. As boas leituras me ajudaram, mas é mesmo a partir do erro que os desprovidos de verdadeiro talento se desenvolvem, um clichê confirmado por mim no meu dia a dia laborativo.

A pintura: voltemos a ela depois de mais uma digressão em troca da qual, como alguns leitores costumam deixar registrado na área de comentários, não sou pago para fazer. Na impossibilidade de ir a mostras ou visitar museus, Gombrich preenche de alguma forma a minha necessidade permanente de adentrar o universo da arte. Nos últimos meses, venho relendo capítulos do livro cuja primeira edição data de 1950, e foi *História da arte* que me levou a elaborar intelectualmente o que ocorreu na Segunda Turma do STF. Em algum momento, não me lembro mais onde, eu disse que o PowerPoint de Deltan Dallagnol, que apontava Lula como o chefe da organização criminosa que saqueou a Petrobras, era a mais bela obra de arte brasileira. A sua tosquidão ilustra melhor o nosso caráter nacional do que a do *Abaporu*, de Tarsila do Amaral, "*o quadro mais feio do mundo*", na definição de Millôr Fernandes. A minha afirmação agora ganha contornos antropológicos que julgo bastante pertinentes.

Gombrich explica que a arte não nasceu como busca e celebração do belo, exaltação da religião, comentário da filosofia, crítica da sociedade ou expressão de sentimentos. Todos esses aspectos foram sendo incorporados ao longo dos séculos. A arte nasceu como concretização de um pensamento mágico dos povos "primitivos" (as aspas que relativizam o termo já eram usadas por Gombrich em 1950), e esse pensamento mágico ainda subsiste em nós. O pensamento mágico é o de que, através da representação imagética, nós apreendemos, dominamos, ferimos ou exorcizamos o que foi representado. Os magníficos bisões, mamutes e cavalos rupestres achados nas cavernas de Altamira, na Espanha, e Lascaux, na França, tinham esta função: possibilitar a sua caça e a sua domesticação. Diz Gombrich:

Não se podem compreender esses estranhos inícios da arte se não tentamos penetrar no espírito dos povos primitivos. É preciso que tentemos compreender o que os levou a considerar as imagens como uma força a empregar e não como coisas agradáveis a olhar. Eu não acho que seja tão difícil de entender esse sentimento. Basta que queiramos ser verdadeiramente honestos com nós mesmos e descobrir se não há algo de "primitivo" dentro de nós. Em vez de começar pela época glacial, comecemos então por nós mesmos. Eis aqui, no jornal de hoje, a fotografia do nosso campeão ou do nosso ator preferido: teríamos o prazer de lhes furar os olhos com um alfinete? Isso seria indiferente para nós tanto como perfurar o jornal em outro lugar? Acho que não. O meu pensamento consciente sabe bem que o que eu faço não pode fazer mal ao meu amigo ou a meu herói; eu sinto, no entanto, certo medo de prejudicá-los. Há, dentro de mim, um sentimento absurdo de que o meu gesto poderia fazer mal ao próprio personagem. Se não estou errado, se essa ideia irracional e estranha persiste no nosso espírito nestes tempos de espantosas descobertas científicas, não pode ser tão surpreendente que tais ideias tenham existido em quase todos os povos ditos primitivos. Em todas as partes do mundo, curandeiros e feiticeiras quiseram assim executar obras mágicas. Eles fabricaram pequenas imagens dos seus inimigos, eles perfuraram os seus corações ou as queimaram, esperando que os seus inimigos, eles próprios, sofressem com isso. Quando manifestantes queimam os retratos dos seus adversários, não há nisso a sobrevivência de uma tal superstição? Às vezes, os "primitivos" não sabem mais do que crianças distinguir a imagem da realidade. Um dia, depois que um artista europeu desenhou o gado que lhes pertencia, indígenas ficaram consternados: "Se você os levar, do que nós viveremos?"

O PowerPoint de Dallagnol continua a ser, para mim, a mais bela obra de arte brasileira. O significado que ela adquiriu, contudo, ficou evidente na sessão da Segunda Turma do STF em que o germanista Gilmar Mendes massacrou a Lava Jato. Ela é como a representação rupestre do bisão a ser caçado, do adversário a ser dominado, do mal a ser exorcizado. A sua simples confecção fez crer a todos nós que o bisão havia sido realmente caçado, que o adversário havia sido realmente dominado, que o mal havia sido realmente exorcizado. Tudo não passou de pensamento mágico. A realidade é o germanista Gilmar Mendes, a realidade é a jurisprudência de ocasião, a realidade é Lula, a realidade é Bolsonaro. A realidade é esta caverna na qual vivemos acuados. Como sair dela?

12.03.2021

O Brasil não precisa de golpe

Quando eu tinha por volta de seis, sete anos, ao ser perguntando sobre o que iria ser quando crescesse, a minha resposta era "oficial de Marinha". Nunca entendi o motivo. A única vez que subi em navio de verdade foi em 1968, para me despedir do meu avô materno que embarcava para a Itália. Achei alto demais. Desde criança, barulho de mar soa para mim como o de chuveiro aberto. Mar deveria ter torneira. O meu estilo de nado, desde sempre: âncora. Afundo que é uma beleza. Cruzeiros marítimos são a ideia mais próxima que faço do inferno – gente demais cercada de água por todos os lados. Não enjoo no mar, mas tenho enjoo de mar. Também passei a nutrir ojeriza a piscinas, depois que soube que o azul não é do cloro, mas resultado da reação química do cloro com urina e outros fluidos corporais. Talvez você passe a ter nojo agora.

Água, para mim, só serve para beber, fazer higiene de pia e tomar banho. Reunida em massa oceânica, o ideal é admirá-la do alto de um monte. Como o das ruínas do palácio do imperador romano Tibério, em Capri. Tibério gostava de jogar os seus amantes no mar, lá de cima, depois que se cansava deles. Mar com história é melhor do que mar sem história. Outro mar com história é o de Portovenere, no golfo de La Spezia. O poeta inglês Shelley (casado com Mary, a autora de *Frankenstein*) morava numa ilha próxima. Outro poeta inglês, Byron, atravessou o golfo a nado para visitá-los. Shelley morreu afogado durante uma tempestade que o colheu num barco. Não nadava tão bem quanto Byron, provavelmente. Este último dá nome ao promontório de Portovenere, com resquícios de um templo pagão e uma igreja do século XIV. Consta que o Michael Phelps do romantismo usava o promontório para meditar e inspirar-se.

Eu dizia querer ser oficial de Marinha, mas confirmei que essa não era mesmo uma boa ideia quando tentei visitar a Ilha Fiscal, no Rio de Janeiro, alguns anos atrás. Meu amigo Diogo morava no Rio, eu invariavelmente estava lá, e resolvemos levar nossos filhos para visitar o lugar onde ocorreu o último baile do Império. Só se chegava à ilha de barco, num percurso de cinco minutos, no máximo. Mas não havia barco. O único barco da Marinha que fazia o trajeto estava quebrado, como nos informou um taifeiro que assistia ao *Domingão do Faustão*, num quartinho cercado de tralhas por todos os lados. Ele também disse que não sabia quando o barco seria consertado e que fazia tempo que estava quebrado. Não havia barco reserva. "*Non è possibile!*", espantou-se a mulher do Diogo. Brasile, Anna.

Essas digressões – sou digressivo, não tem jeito – tiveram o seu porto de partida na carta aberta divulgada nesta terça-feira por um oficial de Marinha, o almirante reformado Eduardo Monteiro Lopes, presidente do Clube Naval. É um tanto abrupto pular de Byron para o Clube Naval, eu sei, mas era preciso dourar um pouco essa pílula indigesta. Em nome do Clube Naval, o nosso eterno marujo resolveu criticar o ministro Celso de Mello, do Supremo Tribunal Federal, por ter autorizado a divulgação do vídeo daquela conversa de botequim no Palácio do Planalto, no dia 22 de abril. Criticar, não, "*repudiar com veemência*". Ele também considerou "*agressão*" a decisão do ministro Alexandre de Moraes de impedir a posse de Alexandre Ramagem como diretor-geral da Polícia Federal, e afirmou ser "*inconcebível*" a apreensão do celular de Jair Bolsonaro, por Celso de Mello – apreensão que nunca foi ordenada, fique claro, ela só existiu na cachola do cada vez mais irritadiço general Augusto Heleno.

Monteiro Lopes evitou citar os nomes dos ministros, o máximo de sutileza de um velho lobo do mar, pelo visto. Digamos que o presidente do Clube Naval não é, assim, um general Eduardo Villas Bôas, que, por duas vezes, prestou um enorme serviço ao Brasil: quando se recusou a reprimir os manifestantes que exigiam o impeachment de Dilma Rousseff, como queria o PT, e na vez que enviou um recado conciso ao STF, via Twitter, sobre a confusão que acarretaria a concessão de um *habeas corpus* que impediria a prisão de Lula. Villas Bôas fez da sutileza uma homenagem à democracia; Monteiro Lopes usou epítetos no limite da truculência para adernar um pouco a confiança nos militares.

A nota do presidente do Clube Naval diz:

> *Essas agressões, intromissões inaceitáveis, realizadas em curto espaço de tempo, trazem ainda o risco de servirem de incentivo à comportamentos semelhantes de outras instâncias do Poder Judiciário que, interferindo nos demais entes federativos, acabem por contribuir, de forma significativa, para tumultuar o País.*

Tropecei em "*à comportamentos semelhantes*". Crase errada. Se tivesse os arroubos de Monteiro Lopes, poderia dizer que o erro gramatical é sinal eloquente de que nos falta até português para construirmos um submarino nuclear. Mas a crase errada foi apenas um descuido bobo. Assim como dois erros de regência verbal que pesquei recentemente no romance *O vício do amor*, escrito por mim lá se vão quase 10 anos. Até Machado de Assis, vez por outra, cometia seus pecados. A crase errada de Monteiro Lopes só me fez concluir que precisamos mesmo é de uma boa revisão. Falo do país.

Tudo está errado como jamais esteve desde a redemocratização. Até certo ponto, concordo com Monteiro Lopes.

O Supremo anda legislando, reescrevendo a Constituição e extrapolando das suas atribuições constitucionais já faz tempo. Veja-se o inquérito sigiloso e inconstitucional aberto há mais de um ano pelo presidente do STF, Dias Toffoli, e comandado por Alexandre de Moraes, relator escolhido a dedo. Trata-se de aberração jurídica de qualquer ponto de vista. Foi no âmbito deste inquérito que Moraes censurou *O Antagonista* e *Crusoé*, e agora partiu para cima dos blogueiros bolsonaristas *et caterva*. Moraes é tão partidário da liberdade de imprensa quanto esses blogueiros são jornalistas. Trata-se de uma súcia de divulgadores de notícias falsas, que torpedeia a democracia da mesma forma que o inquérito sigiloso e inconstitucional do STF. Essa súcia poderia ser objeto de uma investigação promovida pelo Ministério Público ou da Comissão Parlamentar de Inquérito criada para apurar a epidemia de notícias falsas. Jamais de um inquérito sigiloso e inconstitucional, relatado por um ministro que se arroga o direito de definir o que é ou não liberdade. Crase errada.

Jair Bolsonaro, por sua vez, nunca poderia ter interferido politicamente na Polícia Federal, a fim de manter-se a par sobre operações contra os seus filhos e perseguir adversários políticos. Ele também não pode criar um serviço de informação paralelo e lançar mão da Abin em proveito pessoal. Usar dinheiro público para financiar a súcia é igualmente inaceitável. O presidente da República exibe ainda um comportamento execrável, de sociopata, em relação à pandemia de Covid-19, corroborado pela irresponsabilidade, incompetência e pelo oportunismo da maioria esmagadora dos governadores. Essa gente toda vai entrar na história como cúmplice do vírus que já matou e matará dezenas de milhares de brasileiros. Crase errada.

Quanto ao Legislativo, a honestidade continua a ser tão rala quanto os cabelos na minha cabeça e a originalidade das metáforas contidas nela. Disputam a carcaça estatal que lhes foi jogada pelo presidente, em troca de sustentação política. Crase errada.

Diante do que veem no Judiciário e Legislativo, alguns brasileiros sentem-se tentados a concordar com a súcia que prega intervenção militar, o encarceramento de ministros do STF e o fechamento do Congresso. Não vou surrar Winston Churchill, com a sua frase sobre a democracia ser o pior dos regimes, excetuados todos os outros já experimentados. Serei mais pragmático. Golpe militar no Brasil só foi bem-sucedido quando contou com o apoio da maior parte da classe média, de grandes banqueiros e empresários e de circunstâncias internacionais favoráveis, como a Guerra Fria, em 1964. Nada disso existe neste momento, apesar dos esforços da súcia nas redes sociais. A classe média está mais cosmopolita e não quer viver numa república das bananas; os brasileiros de qualquer extração comungam majoritariamente da crença na democracia, como mostram as pesquisas; os banqueiros e empresários perderiam dinheiro e oportunidades. Em caso de golpe, o Brasil se tornaria pária internacional, rejeitado por parceiros comerciais e organismos essenciais para obter investimentos, crédito mais barato e alargar a nossa economia, como a OCDE. Porque o mundo, senhores, mudou. A ameaça comunista tem agora poucas vitrines de uma ruindade indisfarçável – Cuba, Venezuela e Coreia do Norte –, admiradas ou relativizadas unicamente pelos professores dos nossos filhos que tentam convencê-los do contrário, sem sucesso correspondente ao esforço. O pretexto vermelho não cola. Crase errada.

Se tivesse a oportunidade de conversar com o almirante Monteiro Lopes, eu reforçaria a ideia de que o país precisa apenas de uma boa revisão, com cada acento no seu devido lugar. Quem tiver de ser expelido, que o seja dentro das regras da gramática da democracia, sem militar querendo dar aula com vara de marmelo em punho. Que devemos ter cuidado para não queimar um bom livro por causa de crases erradas. E perguntaria se o barco que leva turistas até a Ilha Fiscal foi finalmente consertado. Poderíamos navegar num mar de histórias. Imagino essa conversa com o almirante Monteiro Lopes no Piraquê, no Rio de Janeiro. Quando eu era adolescente, várias moças bonitas pulavam Carnaval no clube dos eternos marujos. Mas o desejo de ser oficial de Marinha quando crescesse não foi ressuscitado. Nem sempre o menino é pai do homem.

20.05.2020

COMENTÁRIO: Não vai ter golpe. Militar.

Os maricas

Na cúpula dos Brics, o tirano russo Vladimir Putin elogiou Jair Bolsonaro com uma frase saída do século XVII, na minha estimativa generosa. Afirmou, que diante da pandemia, o presidente brasileiro *"expressou as melhores qualidades masculinas e de determinação"*. E explicou: *"O senhor foi buscar a solução de todas as questões, antes de tudo, na base dos interesses do seu povo, seu país, deixando para depois as soluções ligadas aos problemas de sua saúde pessoal"*. Em bom português, disse que Jair Bolsonaro vem sendo muito macho nas suas atitudes em relação ao pesadelo sanitário.

Vladimir Putin envenena os seus adversários políticos, expediente utilizado na Antiguidade por mulheres que, sem força física suficiente, recorriam à química para eliminar os seus algozes. Hoje, o envenenamento ainda é o método mais utilizado por *serial killers* do sexo feminino, juntamente com a asfixia, de acordo com um estudo conduzido em 2015, nos Estados Unidos, pela psicóloga Marissa Harrison, da Penn University. Ela explicou à BBC que "*há teorias que dizem que elas escolhem esses métodos por serem parecidos com a morte natural e tornar mais difícil que seus crimes sejam descobertos. São menos brutais que outros. Só depois que a terceira ou quarta vítima morre em circunstâncias suspeitas é que começam a despertar desconfiança*". Desse ponto de vista, portanto, Vladimir Putin expressaria certa qualidade feminina.

Na Rússia, o envenenamento pode ser especialidade, mas não goza de exclusividade, obviamente. Os adversários do regime também podem ser mortos a tiros, que é mesmo coisa de macho, como todo mundo sabe. Um dos adversários abatidos foi a jornalista Anna Politkovskaya, que reportou ao mundo as brutalidades de Vladimir Putin e denunciou o seu objetivo (que viria a ser plenamente alcançado) de estabelecer uma ditadura no país. Ela foi assassinada no dia do aniversário de cinquenta e quatro anos do tirano, em 2006, executada com cinco disparos à queima-roupa, um deles na cabeça. Provavelmente foi um presente ao ocupador do Kremlin. Anna Politkovskaya expressava as melhores qualidades de um ser humano de qualquer gênero, com determinação e deixando para depois os cuidados com a sua saúde, como ficou demonstrado pelo seu assassinato. Recomendo vivamente a leitura do seu *A Rússia de Putin – A vida numa democracia em derrota*.

O admirador de Jair Bolsonaro não é exatamente uma originalidade russa. Produto soviético, Vladimir Putin é a expressão de um país que jamais conheceu a democracia de fato, seja na monarquia, no comunismo ou depois do fim da Cortina de Ferro. Um dos que melhor definiram a Rússia foi o marquês de Custine, aristocrata francês que viveu entre os séculos XVIII e XIX, era amigo de Honoré de Balzac e esteve por lá em 1839. Ele escreveu que *"o governo russo é a ordem da cidade substituída pela disciplina do acampamento, o estado de sítio transformado no estado normal da sociedade"*. As opiniões do marquês de Custine incomodaram tanto o tzar que ele contratou gente para escrever livros que refutavam a sua visão. Quando se conseguem depurar os seus escritos do racismo e da xenofobia, sobra uma verdade que vem se demonstrando irrefutável.

Se vivesse hoje na Rússia, o marquês de Custine, só encontrável agora em alguns sebos parisienses, seria alvo de Vladimir Putin não apenas pela sua opinião, mas também por ser gay. Seria tratado como criminoso, embora a preferência não esteja configurada como delito na lei russa. Aparentemente, as melhores qualidades masculinas e de determinação do tirano não resistem à liberdade dos que expressam a sua própria homossexualidade.

Não canso de expor a minha perplexidade com a insistência desses senhores em fazer alusões de caráter sexual a tudo, de preferência ao esfíncter alheio. Já o fiz aqui na *Crusoé*. No caso do elogio de Vladimir Putin ao que seria a virilidade de Jair Bolsonaro, acho que a deixa foi a frase do presidente brasileiro dita dias antes, durante uma cerimônia no Palácio do Planalto: "*Não adianta fugir disso, fugir da realidade (da pandemia). Tem que deixar de ser um país de maricas. Olha que prato cheio para a imprensa. Prato cheio para a urubuzada que está ali atrás. Temos que enfrentar de peito aberto, lutar. Que geração é essa nossa?*"

Ao contrário de Vladimir Putin e do próprio Jair Bolsonaro, não vejo masculinidade nenhuma em negar a gravidade da pandemia. Masculinidade nesse sentido que ambos emprestam à palavra, como sinônimo de bravura, desassombro e firmeza. Pelo contrário. Acredito que se trata de covardia, como deixei claro em O Antagonista:

Voltar atrás em atitudes e opiniões erradas não é apenas demonstração de racionalidade. É ato de coragem. Em especial, da parte dos governantes. Um verdadeiro estadista é aquele que também sabe aprender com os próprios erros e, assim, visa a alcançar o bem comum. Tiranos, por sua vez, insistem em cometer os mesmos erros, porque acreditam que admitir que erraram é sinal de fraqueza e têm medo de abrir brechas para os adversários. O bem comum é a última coisa na qual pensam, quando nele pensam. Noticiamos que o Ministério da Saúde havia publicado no Twitter uma mensagem recomendando o isolamento social e reforçando o fato de que não há remédio eficaz contra a Covid-19. A mensagem era de uma banalidade absoluta, mas útil para alertar as pessoas que, se as vacinas em testes se provaram eficazes, isso não significa que já se possa relaxar. A mensagem dizia: "Olá! É importante lembrar que, até o momento, não existem vacina, alimento específico, substância ou remédio que previnam ou possam acabar com a Covid-19. A nossa maior ação contra o vírus é o isolamento social e a adesão das medidas de proteção individual".

Como foi o Ministério da Saúde que postou, muita gente acreditou que Jair Bolsonaro finalmente caíra em si e passara a admitir que as medidas restritivas são a única maneira de impedir a difusão do vírus da Covid-19 e que a cloroquina não funciona para curá-la, como afirmam os estudos médicos. Mas a ilusão logo se dissipou. Foi noticiarmos o tuíte e o Ministério da Saúde correu para apagá-lo.

É mais um episódio ridículo protagonizado pelo governo federal. Bolsonaro inspira medo em gente que tem receio de perder o emprego por fazer a coisa certa. E ele, na mais benigna das hipóteses, morre de medo de admitir que errou e mudar de atitude ou opinião sobre o que é evidente em direção contrária. Coisa de tiranete maricas, para colocar a situação nos termos que o presidente costuma utilizar.

Espero que ninguém tente me envenenar. Já basta o veneno moral que temos de engolir a cada dia.

20.11.2020

COMENTÁRIO: O veneno de Jair Bolsonaro ajudou a matar 400 mil brasileiros até o momento. Quanto a Vladimir Putin, ele envenena, mas também vende vacina contra a Covid.

A boca grande de Paulo Guedes

Charles-Maurice de Talleyrand Périgord. Descarte o segundo sobrenome que parece rótulo de champanhe e fique com o primeiro. Talleyrand foi um prodígio da política francesa entre o final do século XVIII e o início do século XIX. Nobre de origem, foi ordenado padre quando era papista, mesmo depois de ter sido expulso do seminário. Não resistia a mulheres cisgêneras maiores de idade, uma esparsa preferência eclesiástica. Consagrado bispo, Talleyrand agiu contra os interesses do papa, abandonou a Igreja e se viu excomungado. Conspirou contra um ministro de Luís XVI antes da Revolução Francesa. Ao lado dos revolucionários, exilou-se nos Estados Unidos depois da execução do rei que ajudara a depor – e voltou de lá ministro. Demitido por corrupção, aliou-se a Napoleão Bonaparte e o traiu. Ajudou a restaurar o Império, foi ministro de Luís XVIII e tramou para derrubar o irmão dele, Carlos X, e colocar no seu lugar Luís Filipe I, o "rei burguês". O homem era mais adaptável do que Renan Calheiros. Um perigo.

Na França, Talleyrand é sinônimo de cinismo e oportunismo. Tanto que, no seu *Dicionário das ideias feitas*, Gustave Flaubert dedica-lhe o seguinte verbete: Talleyrand (Príncipe de): indignar-se contra. Em Paris, há uma rua minúscula chamada Talleyrand, que começa na Esplanada dos Inválidos, onde está a tumba de Napoleão. Durante anos, enxerguei na rua a metáfora de um quisto na grandeza napoleônica. Até que um amigo local me disse que o Talleyrand que dá nome à rua é o de um sobrinho-neto de Charles-Maurice. A minha metáfora foi para o brejo.

Talleyrand pode não ter sido um exemplo de homem público, mas tem algo a ensinar ao ministro da Economia, Paulo Guedes, a outros próceres do governo de Jair Bolsonaro e ao próprio presidente da República. Credita-se a Talleyrand a seguinte frase:

A palavra foi dada ao homem para disfarçar o seu pensamento.

O primeiro atributo de um político, qualquer que seja ele (e não adianta Paulo Guedes achar que existe ministro não político), é mentir. O segundo é mentir. O terceiro é mentir, e assim por diante, até chegar ao décimo. O décimo atributo é ser demagógico. Falar sempre o que realmente pensa é um enorme defeito para um político, não importa se o que ele pensa é verdadeiro ou não, justo ou não. Aristóteles acreditava que a demagogia estava para a democracia, assim como a tirania estava para a monarquia. Era corrupção moral. Séculos mais tarde, a realidade mostra que, não raro, a sinceridade na política é que é imoral.

No espaço de menos de uma semana, Paulo Guedes fez duas afirmações desastrosas. A primeira foi a seguinte:

> *O governo está quebrado. Gasta 90% da receita toda com salário e é obrigado a dar aumento de salário. O funcionalismo teve aumento de 50% acima da inflação, tem estabilidade de emprego, tem aposentadoria generosa, tem tudo, o hospedeiro está morrendo, o cara virou um parasita, o dinheiro não chega no povo e ele quer aumento automático, não dá mais. A população não quer isso, 88% da população brasileira são a favor inclusive de demissão de funcionalismo público, de reforma, de tudo para valer. Nos Estados Unidos o cara fica quatro, cinco anos sem dar um reajuste. De repente, quando ele dá um reajuste, todo mundo: "Oh, muito obrigado, prazer." Aqui o cara é obrigado a dar, porque o dinheiro está carimbado, e ainda leva xingamento, ovo, não pode andar de avião.*

Diante da repercussão extremamente negativa, o ministro se retratou dizendo que a frase sobre parasitismo foi retirada do contexto e ele havia se referido especificamente a servidores privilegiados de governos estaduais e municipais. Não tenho dúvida de que Paulo Guedes queria exatamente dizer isso e se expressou mal. E de que existe mesmo uma casta no funcionalismo que só quer saber de parasitar a máquina pública. Ocorreu o mesmo tipo de mal-entendido – ou má intenção alheia – quando Paulo Guedes fez referência ao AI-5 numa entrevista em Washington. Quis defender a democracia, mas foi interpretado como se houvesse feito o contrário. Ele tem de aprender a contextualizar melhor, inclusive porque tirar frase do contexto é uma especialidade da oposição e contexto não cabe no espaço de uma manchete jornalística.

Vamos à segunda afirmação do ministro, agora sobre as contínuas altas do dólar:

O câmbio não está nervoso, (o câmbio), mudou. Não tem negócio de câmbio a R$ 1,80. Todo mundo indo para a Disneylândia, empregada doméstica indo para Disneylândia, uma festa danada. Pera aí. Vai passear ali em Foz do Iguaçu, vai passear ali no Nordeste, está cheio de praia bonita. Vai para Cachoeiro do Itapemirim, vai conhecer onde o Roberto Carlos nasceu, vai passear no Brasil, vai conhecer o Brasil. Está cheio de coisa bonita para ver.

E ele continuou, tentando emendar o soneto:

Antes que falem: "Ministro diz que empregada doméstica estava indo para Disneylândia." Não, o ministro está dizendo que o câmbio estava tão barato que todo mundo *está indo para a Disneylândia, até as classes sociais mais... Todo mundo tem que ir para a Disneylândia conhecer um dia, mas não três, quatro vezes por ano. Porque com dólar a R$ 1,80 tinha gente indo quatro vezes por ano. Vai três vezes para Foz do Iguaçu, Chapada Diamantina, conhece um pouquinho do Brasil, vai ver a selva amazônica. E, na quarta vez, você vai para a Disneylândia, em vez de ir quatro vezes ao ano.*

Como era previsível, Lula disse que a frase do ministro era prova do que ele, Lula, vive repetindo – que os ricos brasileiros não gostam de ver pobre andando de avião. Dilma Rousseff aproveitou para chamar o ministro da Economia de "*escravocrata*". Na esteira dos petistas, um bando de vigaristas vai criar ainda mais entraves às reformas que ainda precisam ser feitas e fazer um carnaval nas campanhas eleitorais com as palavras de Paulo Guedes, na linha "o governo que odeia pobre".

A incontinência verbal do ministro foi um desastre de qualquer ponto de vista, não adianta passar paninho. Ele disse o que pensa e, pior, o que pensa não condiz com a realidade. Empregadas domésticas, talvez com a exceção das que Paulo Guedes tem na sua casa ou daquelas que viajam como babás para gente do nível econômico do ministro, não vão à Disney. A esmagadora maioria trabalha em casas de classe média versão IBGE, que não pode pagar salários mais altos e ainda tem de se virar com os encargos criados pelo PT – encargos que causaram mais desemprego entre os que não têm outro caminho a não ser o do serviço doméstico. Empregadas domésticas, além disso, não são o único sinônimo "das classes sociais mais…", ao contrário do que acredita o ministro. "As classes sociais mais…" incluem brasileiros com boa instrução superior e capacitação técnica invisíveis do alto dos prédios da Faria Lima. Alguém também precisa informar Paulo Guedes de que cidadãos comuns não têm três, quatro férias por ano. Informo eu, tudo bem: são trinta dias por ano, mas em geral eles vendem dez dias à empresa e tiram vinte.

O que o ministro sabe, mas não disse, é que o problema não é o dólar turismo, inclusive porque, em geral, boa parte dos turistas brasileiros adota como lema "quem converte não se diverte". Felizmente, contrair dívida para viajar é opção, não é como contrair coronavírus ou dengue. Ir à Disney, aliás, costuma sair mais barato do que viajar pelo Brasil, como sugeriu Paulo Guedes – e o dólar mais alto também puxa para cima os preços dos pacotes para Foz do Iguaçu, Chapada Diamantina e selva amazônica, destinos sugeridos por Paulo Guedes. Sem querer bancar o economista, o fato relevante é que o câmbio salgado ajuda as exportações, mas encarece importações necessárias a diversos setores econômicos brasileiros. Pode ser inevitável que o dólar se mantenha alto por causa dos juros básicos mais baixos (do alto da minha ignorância, acho que há populismo nas taxas atuais) e fatores internacionais, mas a fala desastrada do ministro abriu caminho para que especuladores inflassem ainda mais o preço da moeda americana no dia seguinte. O mandachuva da economia pode fazer festa de especulador, mesmo involuntariamente? Não, não pode. É o que ocorre quando o titular da pasta se mete a tecer considerações sobre câmbio flutuante. Não deixa de ser curioso que ele ignore a sua capacidade de influir no dia a dia das cotações.

A minha recomendação é que Paulo Guedes – que o jornal *Extra* chamou comicamente de "*Sua Excelência o ministro Caco Antibes*" – faça como Talleyrand preconizou: use a palavra para disfarçar pensamentos. Sejam expressões da verdade ou não, sejam justos ou não. Ou simplesmente mantenha a boca grande fechada, como fazia Pedro Malan. Desse modo, ajudará a si próprio, o presidente da República e o Brasil das domésticas, da classe média versão IBGE e até dos ricos que geram empregos, veja só.

14.02.2020

COMENTÁRIO: Paulo Guedes é uma sombra do que nunca foi.

O perigo é Lula virar o Polo Democrático

Polo Democrático, Polo democrático... Quando é que ouvimos falar em Polo Democrático da última vez? Ah, sim, foi em meados de 2018, quando Fernando Henrique Cardoso colocou o seu bloco dos sem-votos na rua para evitar que a disputa final na eleição presidencial daquele ano fosse entre Jair Bolsonaro e... Ciro Gomes. Que curiosamente está no Polo Democrático deste ano, ao lado de Luiz Henrique Mandetta, João Doria, Eduardo Leite, João Amoêdo, Luciano Huck e Sergio Moro.

O cenário do Polo Democrático 2018, que se dizia também "e Reformista", não contava com um Lula competitivo nem previa que o seu poste pudesse ir tão longe na disputa que ocorreria dali a alguns meses. O PT era visto como carta fora do baralho extremista no segundo turno. O adversário principal era Bolsonaro, mas Ciro causava igualmente arrepios. A posição do Polo Democrático 2018 ficou clara pela declaração de Fernando Henrique Cardoso a jornalistas. Perguntaram em quem ele votaria no segundo turno, se os oponentes fossem o ex-capitão e o coronel cearense (os termos são meus, não dos repórteres). O ex-presidente tucano respondeu: "*Eu não votaria por nem um nem por outro. No Bolsonaro, eu não voto.*" Ou seja, no segundo turno, sempre caberia um Ciro Gomes no Polo Democrático 2018.

No modelo 2021/2022 do Polo Democrático, Ciro Gomes já dá as caras. Há uma evidente relação simbiótica nesse caso: o atual Polo Democrático precisa de um verniz mais forte de esquerda, que no de 2018 era fornecido por Marina Silva, enquanto Ciro Gomes agora necessita de um verniz de centro. Porque todo Polo Democrático que se preze é de centro (com uma camadinha de esquerda), o que é mais ou menos como a terceira margem do rio do conto de Guimarães Rosa.

Em 2018, Ciro tentou cooptar o PT para uma chapa da qual ele seria o cabeça e o poste de Lula, o vice. Lula queria que fosse o contrário. A esquerda até hoje acredita que, se o chefão petista tivesse aceitado a oferta do coronel cearense, a esquerda teria sido capaz de derrotar Bolsonaro. Em 2022, ambos continuam a não arredar o pé de serem protagonistas na campanha presidencial. Ciro ataca Lula e o PT com a habitual virulência; Lula faz referências irônicas a Ciro, sem fechar portas. Cada um a seu modo, os dois sabem que não existem inimigos em política.

No Polo Democrático modelo 2021/2022, Ciro permanece querendo ser o cabeça de chapa. O que deve acontecer é que, depois de aplicar em si mesmo uma ou duas camadas de verniz de centro, o coronel cearense vai deixar o grupo e ter pretexto para dizer: "olhem como sou de centro, só que um tantinho à esquerda" ou, a depender do jogo, "olhem como sou de esquerda, só que um tantinho de centro". O fato de Ciro constar neste momento do Polo Democrático modelo 2021/2022 faz muita gente se perguntar se polo não é sinônimo de um saco de gatos a ser atropelado por uma retroescavadeira. Quanto a Lula, ele está magoado porque não foi convidado pelo Polo Democrático modelo 2021-2022 para assinar o manifesto em defesa da democracia. Mas, em primeiro lugar, como poderia o ex-condenado por Sergio Moro assinar um manifesto que, se não traz a assinatura do ex-juiz, é de um grupo que ele integra? Em segundo lugar, como Lula poderia ser signatário de um manifesto que é contra o petista, além de Bolsonaro? Em relação ao Polo Democrático 2018, Ciro passou a ser desse centro expandido (por enquanto) e Lula está onde estava: num dos extremos.

Ninguém subestime, contudo, o chefão petista (ou superestime o eleitorado brasileiro). Se não pode ser do Polo Democrático modelo 2021/2022, Lula tentará ser de centro de outra maneira. Como revelou a *Crusoé* na semana passada, ele mantém conversas estratégicas, inclusive com o dono de um dos maiores bancos brasileiros, vendendo outra vez o mesmo carro velho de amigo do mercado. Além disso, voltou ao modo Lulinha Paz e Amor e até aliciou quem posava de adversário histórico, tanto na imprensa como alhures. Ele poderá contar com o apoio dos tucanos e adjacências que incluem o DEM, o PMDB e boa parte do Centrão, que o veem com a realidade despida de qualquer hagiologia: um homem desse sistema, por assim dizer, pragmático que nos trouxe como país até aqui, e mais aceitável como companheiro de grandes empreitadas, também por assim dizer, do que João Doria, por exemplo, considerado muito fominha.

Todos os signatários do Polo Democrático modelo 2021/2022 são potenciais candidatos a presidente da República. A intenção é mostrar que estão dispostos a unir-se em torno de uma candidatura única contra Bolsonaro e Lula. Ciro é a exceção manifesta e é duvidoso que deixará de ser perdedor nato. Quanto aos outros, Luiz Henrique Mandetta parece ser o mais viável neste momento. O único capaz de ombrear com ele é Sergio Moro, a acreditar nas pesquisas divulgadas até o momento. O ex-juiz ainda goza de grande popularidade, mas o seu apetite pelo poder não se afigura suficiente – e a direita bolsonarista, Centrão, ministros do STF e Lula vêm se dedicando a tentar destruir a sua reputação embaralhando lorotas de diferentes sabores, como a de traidor da pátria, a de magistrado parcial do ex-condenado inocente de toda a porcariada feita na Petrobras e a de personagem autoritário que criminalizou a política. Difícil aguentar essa barra sem estômago de avestruz político. Luiz Henrique Mandetta tem como ativo a sua atuação na pandemia (e aquele pezinho no Centrão). Foi o ministro da obviedade num país nada óbvio. Resta saber se, no final de 2022, a pandemia será uma lembrança que começará a empalidecer. Desculpe, Mandetta, nada pessoal, mas espero que sim, fora de qualquer cálculo eleitoral. Quanto a Luciano Huck, ele terá de ralar bastante para se livrar da pecha de "candidato da Rede Globo". Os brasileiros amam odiar a emissora que eles amam sintonizar. De qualquer forma, o apresentador tem um dilema que julgo extravagante: está entre ser candidato ao Planalto ou sucessor de Faustão no programa de domingo.

Se o Polo Democrático modelo 2021/2022 não lançar um candidato viável a tempo de ser trabalhado eleitoralmente, o perigo é Lula virar o candidato de centro contra Bolsonaro, transmutando-se em Polo Democrático. Como disse, ele está trabalhando para isso. E, ironia, se tudo der certo para o chefão petista, poderemos assistir à maioria dos signatários do manifesto, talvez com a exceção de Sergio Moro e João Amoêdo (coitado do Amoêdo), apoiando Lula no segundo turno porque, sabe como é, no Brasil ainda se acredita que um extremo é mais centro do que outro. A terceira margem do rio se revelaria, então, finalmente uma miragem. "*Eu não votaria por nem um nem por outro. No Bolsonaro, eu não voto*", para repetir a frase de Fernando Henrique Cardoso nos tempos do Polo Democrático 2018.

19.04.2021

COMENTÁRIO: A terceira via ainda cabe num grupo de WhatsApp. É bom correr.

O que é uma nação

Dilma Rousseff esteve na Sorbonne, onde teria feito uma palestra. Foi recebida pelo vice-presidente da universidade francesa, Alain Tallon, que a chamou de "*a mais ilustre cidadã*" do Brasil. Eu pensava que fosse a cantora Anitta.

A Sorbonne foi um dos palcos principais das agitações de maio de 1968, mas antes disso era uma instituição venerável de Paris que só abria as suas portas para gente de respeito. Uma das conferências mais célebres realizadas na Sorbonne teve como protagonista Ernest Renan, em 11 de março de 1882. Escritor, filósofo e historiador, ele tentava, como bom positivista, encontrar alguma racionalidade científica nos eventos humanos. Nessa trilha, ousou, por exemplo, tirar o aspecto sobrenatural da religião, sem destruir a religião. Não deu muito certo, como se pode verificar ao redor.

Ernest Renan foi referência importante para Joaquim Nabuco, o notável abolicionista brasileiro que procurou nos civilizar um pouco. Em *Minha formação*, Joaquim

Nabuco lhe dedica um capítulo inteiro, em que narra o encontro com o francês, no modesto apartamento dele na rue Vaneau (hoje dificilmente você encontrará um modesto apartamento na rue Vaneau):

> *Dentro de minutos me aparecia Renan. Na minha vida tenho conversado com muito homem de espírito e muito homem ilustre; ainda não se repetiu, entretanto, para mim, a impressão dessa primeira conversa de Renan. Foi uma impressão de encantamento; imagine-se um espetáculo incomparável de que eu fosse espectador único, eis aí a impressão. Eu me sentia na pequena biblioteca, diante dos deslumbramentos daquele espírito sem rival, prodigalizando-se diante de mim, literalmente como Luís II da Baviera na escuridão do camarote real, no teatro vazio, vendo representar os Nibelungen em uma cena iluminada para ele só.*

O ídolo Ernest Renan ajudou Joaquim Nabuco a fazer contatos no meio intelectual parisiense e até lhe mandou uma cartinha sobre o livro de poesia que o brasileiro havia enviado ao modesto apartamento na rue Vaneau. Nabuco viria a descobrir, ao ler *Lembranças de infância e juventude,* do próprio Ernest Renan, que se tratava de uma espécie de cartinha modelo que o francês expedia aos autores que lhe mandavam livros de poesia. Sempre com elogios, é claro.

Em *Minha formação*, Joaquim Nabuco traduz "*a traidora página*" de *Lembranças de infância e juventude*:

Desde 1851 acredito não ter praticado uma só mentira, exceto, naturalmente, as mentiras oficiosas e de polidez, que todos os casuístas permitem, e também os pequenos subterfúgios literários exigidos, em vista de uma verdade superior, pelas necessidades de uma frase bem equilibrada ou para evitar um mal maior, como o de apunhalar um autor. Um poeta, por exemplo, nos apresenta os seus versos. É preciso dizer que são admiráveis, porque sem isso seria dizer que eles não têm valor e fazer uma injúria mortal a um homem que teve a intenção de nos fazer uma civilidade.

O positivismo era bem mais educado do que o marxismo, mas foi varrido do mapa acadêmico. Resultado: 1968 ainda é comemorado, mas Ernest Renan foi esquecido quase que completamente (a maior parte das ideias ganha cabelos brancos e morre. Algumas em paz; outras em agonia). Digo "quase" porque a conferência que ele proferiu na Sorbonne em 11 de março de 1882 sobreviveu. Há quem a leia. Intitula-se "O que é uma nação?".

A questão era relevante numa Europa que ainda desenhava o seu mapa, com a recente criação de Itália e Alemanha e o início do esfacelamento do Império Otomano. A conferência de Ernest Renan é tão fascinante que dá vontade de traduzi-la toda. Para responder à pergunta do título, ele parte da Antiguidade, para afirmar que as nações são algo de muito recente na história. Que as antigas repúblicas, reinos, confederações e impérios não constituíam nações no sentido moderno. Atenas e Esparta eram *"pequenos centros de admirável patriotismo; mas eram cidades com um território relativamente restrito. A Gália, a Espanha, a Itália, antes da absorção no Império Romano, eram um conjunto de tribos, frequentemente ligadas entre si, mas sem instituições centrais, sem dinastias. O Império assírio, o Império persa, o Império de Alexandre também não foram pátrias"*. Ernest Renan acreditava que o Império Romano esteve bem mais perto de ser uma pátria, como uma *"grande associação, sinônimo de ordem, de paz e de civilização"*, mas a sua vastidão impedia a formação de *"um Estado na acepção moderna"*.

As nações, segundo Ernest Renan, começaram a formar-se com as invasões germânicas de territórios do Império Romano do Ocidente e o consequente cadinho étnico-cultural que delas resultaram. Ele, então, passa a examinar quais seriam os elementos determinantes do moderno conceito de nação. Não seria a etnia, como provava a própria França *"céltica, ibérica e germânica"*, nem uma língua comum, como demonstravam Estados Unidos e Inglaterra, a América espanhola e a Espanha, para não falar da Suíça, uma nação com quatro idiomas. Não seria também a religião, que inclusive se tornara escolha individual, embora na Antiguidade ela fosse parte indissociável do que se entendia como nacionalidade: *"Na sua origem, a religião estava na própria existência do grupo social. O grupo social era uma extensão da família.*

A religião, os ritos eram de família. A religião de Atenas era o culto da própria Atenas, dos seus fundadores mitológicos, das suas leis, dos seus costumes."

Interesses materiais coincidentes, por sua vez, não seriam suficientes para formar uma nação, porque "*há na nacionalidade um lado de sentimento*". Eles fazem apenas bons acordos comerciais. Quanto à geografia, às fronteiras naturais, elas são "*parte considerável na divisão de nações*", mas "*a terra é o substrato, o campo da luta e do trabalho; o homem fornece a alma. O homem é tudo na formação desta coisa sagrada que chamamos um povo. Nada de material é suficiente. Uma nação é um princípio espiritual, resultante de complicações profundas da história, uma família espiritual, não um grupo determinado pela configuração do solo*".

Ernest Renan conclui a sua conferência na Sorbonne, onde hoje Dilma Rousseff tartamudeia em francês, afirmando que a alma de uma nação é composta por duas coisas. "*Uma está no passado, outra no presente*", diz ele. "*Um passado heroico, de grandes homens, de glória (entendo a verdadeira), eis o capital social sobre o qual se assenta uma ideia nacional. Ter glórias em comum no passado, uma vontade comum no presente; ter feito grandes coisas juntos, querer fazer ainda, eis as condições essenciais para ser um povo*", não importam a conformação das fronteiras, a diversidade de etnias e de língua.

E ele completa:

Uma nação é, assim, uma grande solidariedade, constituída pelo sentimento de sacrifícios que fizemos e daqueles que estamos ainda dispostos a fazer. Ela supõe um passado; ela existe, contudo, no presente por um fato tangível: o consentimento, o desejo claramente expresso de continuar a vida em comum. A existência de uma nação é um plebiscito diário, assim como a do indivíduo é uma afirmação perpétua da vida.

É com misto de desapontamento geracional e tristeza pessoal que me dou conta de que o Brasil está longe de fazer esse plebiscito diário. Mas sigamos tentando. Quem sabe um dia consigamos deixar de ser um país em que a burrice tem um passado glorioso e um futuro promissor, como disse Roberto Campos, para nos tornarmos uma nação de verdade. Devemos isso aos nossos filhos, e os nossos filhos aos nossos netos, e assim por diante nos dias e noites do tempo.

27.09.2019

imprensa

O meu filho garçom e o filho de Lula

O meu filho mais velho mora na Austrália, onde complementa a formação em marketing. Trabalha como garçom em eventos e também num restaurante, vinte horas por semana como permite a lei para estudantes estrangeiros. Foi para lá porque achou a faculdade boa e não conseguia emprego por aqui – além disso, os salários no Brasil são muito ruins na sua área. Ele já havia morado na Austrália, onde fez parte do ensino médio, e gosta muito do país. Disse que ficaria feliz se conseguisse o visto definitivo no outro lado do mundo. Os meus sentimentos são confusos em relação a isso. Ao mesmo tempo que tenho orgulho do esforço que está fazendo, sou tomado pelo sentimento de ter fracassado como brasileiro. É um fracasso geracional: não conseguimos legar aos nossos filhos uma nação decente e com oportunidades suficientes para os jovens. Esse sentimento foi o que predominou quando me despedi dele.

Em 2006, o meu filho mais velho tinha treze anos – idade que o meu caçula tem hoje – e estudava numa escola cujos professores achavam a revista *Veja*, da qual eu era o número dois, "fascista" (delicadeza que também costuma ser endereçada a *O Antagonista*). Um desses seres encantadores chegou a pronunciar o epíteto em sala de aula, com o meu filho presente. Fui à escola e exigi que o moço pedisse desculpas. O *bullying*, que já era grande por causa da cobertura da revista sobre o mensalão, havia aumentado depois que publicamos a segunda reportagem sobre o caso Gamecorp, aquela empresa que fez de Lulinha um súbito milionário.

A primeira reportagem foi publicada em julho de 2005. Jornalistas da *Veja* baseados em São Paulo haviam descoberto que Lulinha, que até os vinte e oito anos ganhava um salário de 600 reais como monitor do Jardim Zoológico de São Paulo, havia feito sociedade com os filhos de Jacó Bittar, amigão de Lula, numa empresa que atuava em publicidade e confecção de jogos eletrônicos. Lulinha havia montado o negócio depois de o pai assumir a Presidência da República. Até aí nada de errado. Todo mundo pode empreender. A questão é que a empresa, rebatizada de Gamecorp, desconhecida e sem nenhuma grande ideia revolucionária, havia recebido mais de 5 milhões de reais da Telemar – e a operadora de telefonia com grandes interesses junto ao governo entraria na sociedade por meio de uma engenharia contratual-financeira intrincada.

Apuração finalizada, os jornalistas procuraram Lulinha para ouvi-lo a respeito da associação da Gamecorp com a Telemar. Os assessores do filho de Lula bancaram os espertos: entregaram uma parte da história a *O Globo*, que a publicou em tamanho reduzido, pouco antes da *Veja*, já com a versão oficial (o jornal fez certo, noticiou o que tinha). É a técnica de "vazamento controlado". Ela serve para tentar diminuir os danos que a divulgação da história inteira causará ao cliente e, quem sabe, reduzir o destaque a ser dado por quem a apurou. Decidimos mesmo assim colocar a reportagem na capa. Eu estava na sala do diretor de arte, juntamente com o diretor de redação, examinando qual imagem de Lulinha publicar sob o logo da *Veja*, quando a secretária chamou o número um da revista. Passada meia hora, mais ou menos, ele voltou. Antonio Palocci havia telefonado. Com Lula ao lado, ambos haviam pedido, quase implorado, segundo o diretor de redação, para que não puséssemos o filho do presidente na capa. Evocaram, inclusive, a aflição de Marisa Letícia. O número um cedeu: a reportagem seria publicada, mas não como capa. E ainda tirou uma página. Argumentei que era a melhor história daquela edição. Cumpri tabela. Era o meu papel insistir, mesmo sabendo que não adiantaria nada. Tudo bem: a reportagem causou escândalo. O título era *"O negocião de Lulinha – como o filho do presidente se tornou sócio de uma gigante da telefonia."*

Lulinha seria capa da revista em outubro de 2006, pouco antes da eleição presidencial. A sucursal da *Veja* em

Brasília descobrira que o filho de Lula mantinha uma sala no escritório do lobista Alexandre Paes dos Santos, conhecido como APS na capital federal, e avançara em relação à primeira reportagem sobre as ligações de Lulinha com a Telemar. Naquele mesmo ano, a empresa do filho do presidente havia alugado seis horas de programação por dia de uma rede de televisão – e a operadora de telefonia, sua sócia, havia destinado mais 5 milhões de reais para a Gamecorp, a título de antecipação por comerciais a serem exibidos durante as horas televisivas alugadas. Por que a Telemar injetara tanto dinheiro numa empresa ligada a jogos eletrônicos? A desconfiança virou certeza em 2008, quando a operadora fundiu-se à Brasil Telecom, para criar uma "supertele", graças à mudança na lei geral das telecomunicações promovida por Lula.

A primeira reportagem da *Veja* apenas adiara o que já estava combinado, como foi revelado na segunda matéria da revista:

> *O caso de Lulinha tem uma complexidade maior. Sua relação com a Telemar não se esgota nos interesses de ambos na Gamecorp. O filho do presidente foi acionado para defender interesses maiores da Telemar junto ao governo que o pai chefia. Em especial, em setores em que se estudava uma mudança na legislação de telecomunicações que beneficiava a Telemar. VEJA descobriu agora que a mudança na lei foi tratada por Lulinha e seu sócio Kalil Bittar com altos funcionários*

do governo. O assunto levou a dupla a três encontros com Daniel Goldberg, titular da Secretaria de Direito Econômico do Ministério da Justiça (SDE). Em um desses encontros, ocorrido no início de 2005, Lulinha e Kalil, já então sócios da Telemar, sondaram o secretário sobre a posição que a SDE tomaria caso a Telemar comprasse a concorrente Brasil Telecom – fusão que a lei proíbe ainda hoje. Goldberg, ciente do obstáculo legal, disse que o negócio só seria possível mediante mudança na lei. O estouro do escândalo Lulinha abortou os esforços para mudar a legislação e favorecer o sócio do filho do presidente.

A apuração de Brasília havia sido engavetada por causa das enormes pressões do Planalto sobre Roberto Civita, depois da publicação da primeira reportagem em 2005. A coisa ficou nesse pé durante bom tempo, até Lula dizer, em entrevista à *Folha de S.Paulo* pouco antes do primeiro turno da eleição do ano seguinte, que não tinha culpa de Lulinha ser um "Ronaldinho" – um gênio, portanto –, ao ser perguntado sobre o sucesso da Gamecorp. Na reunião de pauta da *Veja*, todos ficamos indignados com a desfaçatez. Concordamos que não poderíamos colaborar com o cinismo do presidente da República, candidato à reeleição, e continuar guardando a outra bomba. O diretor de redação, então, comunicou a Roberto Civita que a capa seria Lulinha. O dono da *Veja* acabaria tendo uma fibrilação, coitado, mas a reportagem foi publicada com o devido destaque e a chamada "*O Ronaldinho de Lula*".

A revista foi acusada de fazer campanha contra o petista às vésperas da eleição que ele viria a vencer; Lulinha processou a revista e perdeu.

Treze anos depois, a PF detonou a operação Mapa da Mina, recolocando Lulinha e a sua Gamecorp nas manchetes. Tudo o que publicamos na *Veja* foi confirmado, e dados espantosos vieram à tona. Só da operadora de telefonia beneficiada durante o governo do pai, a empresa de Lulinha recebeu 132 milhões de reais. O filho mais velho de Lula com Marisa Letícia agora está na capa da *Crusoé* e nada garante que será punido, a julgar pelo que anda ocorrendo na Justiça brasileira; o meu filho mais velho está na Austrália trabalhando como garçom e nada garante que conseguirá um bom emprego na sua área, o que é do jogo. Mas eu é que sou da elite opressora. Um "fascista", como o meu primogênito habituou-se a ouvir na escola.

13.12.2019

Imprensa boa é sem propaganda estatal

O presidente eleito Jair Bolsonaro voltou a dizer que vai tirar propaganda estatal da *Folha de S.Paulo*, por causa das matérias do jornal contra a sua candidatura. Diante da ameaça de Bolsonaro, a *Folha* respondeu que não precisa dessa verba para sobreviver.

Não importa se Bolsonaro tem razão em estar contrariado com a *Folha*. Não importa se o jornal independe dos anúncios do governo e adjacências. Sou contra tirar propaganda estatal de publicações específicas, porque a mesma mão que tira dinheiro da imprensa, quando enfrenta dificuldades com jornalistas, é aquela que pode dar dinheiro à imprensa, para comprar facilidades com jornalistas. É arbitrário e desonesto nos dois sentidos.

Bolsonaro não deve se igualar a Lula, eu já disse em outros artigos, ainda que a história da compra ilegal de pacotes de WhatsApp estampada pela *Folha* esteja muito longe das denúncias comprovadas contra o hoje presidiário. A mando do petista, a *Veja*, da qual eu era redator-chefe, deixou de receber anúncios estatais por causa da cobertura do mensalão. Estamos falando de 2005. A *Veja*, então a revista mais rica do país, cheia de propaganda de empresas privadas, não necessitava do dinheiro do governo. A soma representava cerca de 1% do faturamento anual da *Veja*. Pouco. Mas a editora Abril, por causa da revista, também perdeu os anúncios da administração federal e empresas do Estado – e isso representava aproximadamente 14% do faturamento da editora. Muito. Resultado: como se não bastassem as pressões externas, a direção da *Veja* tornou-se alvo internamente de executivos da Abril insatisfeitos com a perda financeira. Eu, por exemplo, passei a ser pintado como "desequilibrado" – epíteto que foi parar na biografia de Roberto Civita escrita por um ex-colega que gentilmente não me ouviu a respeito desse detalhe.

No Brasil, o governo é capaz de influir para que empresas privadas deixem de anunciar em jornais e revistas, uma vez que quase todas têm interesses em Brasília. O tamanho desproporcional do Estado na economia é um empecilho e tanto para a liberdade de imprensa. Há ainda a pressão que nada tem a ver com o governo. Constatei-a em quase todas as redações pelas quais passei. Quando trabalhei na *Folha*, entre 1984 e 1985, não saía uma notícia sobre o Bradesco sem a autorização da direção do jornal. Na *Istoé* da década de 1990, era proibido criticar Orestes Quércia, e o homem nem era mais governador.

Na *Veja*, o Safra criava problemas sempre que saía uma reportagem desfavorável ao banco. Depois de a revista publicar que grandes investidores brasileiros haviam perdido dinheiro com os fundos de investimento do Safra ligados ao trambiqueiro americano Bernard Madoff, um dos donos do banco reclamou com Roberto Civita: "Foi com reportagens assim que começou o Holocausto."

Lula tirou publicidade estatal da *Veja* e da Abril e, ao mesmo tempo, entupiu de dinheiro público a rede de blogs sujos do PT, organizada sob os auspícios de Franklin Martins. Essa gentalha continua a tentar sujar a reputação de jornalistas independentes. Recentemente, um deles reproduziu mentiras deslavadas contra *O Antagonista*, assinada por um professor de geografia da Unicamp e um sujeitinho que se diz jornalista. Isso mesmo: professor de geografia. O vagabundo ganha salário de universidade pública para ensinar qual é a capital do Burundi e dedica o seu tempo a escrever lorotas para tentar defender a organização da qual é militante – entre elas, pode rir, a de que Diogo Mainardi é informante de Washington. Professor de geografia da Unicamp que milita quando deveria dar aula é agente de propaganda que recebe financiamento indireto de um governo que permanece aparelhado.

O meu ponto é simples: Jair Bolsonaro tomaria a atitude correta se cortasse integralmente a propaganda estatal de todas as publicações impressas, digitais e emissoras de rádio e TV. Falem bem ou mal do seu governo. E quem vier após Bolsonaro deveria ser impedido de dar dinheiro para a imprensa. Façam uma PEC, sei lá. É papo-furado que o governo tenha de fazer propaganda de si próprio, a pretexto de prestar contas para a população. As redes sociais estão aí para isso. E muito menos a um custo exorbitante. Em 2013, sob Dilma Rousseff, foram gastos 2,9 bilhões de reais com anúncios e comerciais; em 2018, a previsão é de 1,5 bilhão de reais. É uma grana preta. O último reajuste do Bolsa Família, por exemplo, custou 684 milhões de reais. Se é para gastar o dinheiro do pagador de impostos, que seja para dar mais aos pobres, não para financiar donos de jornais e emissoras. Isso vale também para estados e municípios.

A *Crusoé*, assim como *O Antagonista*, não aceita propaganda de governos ou empresas estatais. A *Crusoé* vive somente de assinaturas; *O Antagonista*, principalmente dos anúncios veiculados via mídia programática, como o Google. Uma parte, bem menos, é obtida com a captação de *leads* e a consequente venda de relatórios financeiros das empresas da nossa sócia, a publicadora Acta Holding (o que originou a calúnia ridícula de que *O Antagonista* "especula com a notícia"). Às vezes, anunciantes fazem acordos diretos com o departamento comercial de ambos os sites. Mas nem por sonho ousam em nos pressionar. Sabem que não terão passagem. Não há preço que pague a nossa independência. Você acha radical? Pois saiba que, na França, o jornal *Le Canard Enchaîné*, referência do jornalismo investigativo, não publica nem classificado de tinturaria. Sobrevive desse modo desde 1915.

Em 2016, escrevi um artigo intitulado "A propaganda governamental é o mensalão da imprensa", que consta do livro *Cartas de um Antagonista*. O mote foi o esquema que PT e PMDB operavam nos fundos de pensão de Petrobras, Banco do Brasil, Caixa Econômica Federal e Correios. Uma ninharia estimada em 50 bilhões de reais. Vou repetir os meus argumentos. Aparelhados pela companheirada, os fundos de pensão dessas estatais aparelhadas entraram como sócios de negócios feitos sob medida para perder dinheiro dos trabalhadores e enriquecer a malandragem campeã nacional. O esquema esteve à nossa frente durante pelo menos 10 anos, mas contou com a vista grossa da maioria das empresas jornalísticas, receosas de perder a verba publicitária controlada pelos criminosos.

O escândalo dos fundos de pensão deveria ter levado a que se exigisse a extirpação completa da propaganda estatal. Mas nada. Por meio dela, continua-se a comprar consciências, promover políticos e partidos e encher as burras de agências de publicidade e comunicação que superfaturam contratos e, em certos casos, repassam parte do dinheiro para os encarregados de liberá-lo. Não há país civilizado que jogue fora tamanho volume de recursos dessa maneira.

A proibição de propaganda estatal em todos os níveis, além de dar destino apropriado ao nosso dinheiro e diminuir o grau de corrupção, fortaleceria a liberdade de imprensa. Sem a droga financeira administrada pelos governos, os jornais e emissoras ficariam mais pobres, porém mais limpinhos. Mais limpinhos, não fariam vista grossa para um escândalo como o dos fundos de pensão das estatais. Ah, mas o Banco do Brasil e a Caixa Econômica Federal ficariam em desvantagem na competição com outros bancos que vivem anunciando e patrocinando. E quem precisa do Banco do Brasil e da Caixa Econômica Federal? Vamos privatizá-los, assim como os bancos estaduais foram privatizados ou simplesmente extintos. Adiante: quem precisa da estatal Petrobras? Quem precisa da estatal Correios? Gente honesta não precisa.

Escrevi em 2016 e reitero em 2018: a propaganda governamental é o mensalão da imprensa. É imperioso acabar com ele.

01.11.2018

COMENTÁRIO: *O Antagonista* não tem mais o sócio que tinha há três anos.

E lá fui eu parar na PF outra vez

Na última terça-feira, dia 16 de abril, apenas 24 horas depois de ser intimado pelo ministro Alexandre de Moraes, eu me apresentei ao delegado da Polícia Federal escolhido para conduzir o inquérito sigiloso e inconstitucional aberto para intimidar a imprensa (a história de que serve para apurar *fake news* e ameaças ao STF nas redes sociais é conversa para boi dormir. Pegaram uns coitados ao acaso). Foi a quarta vez na minha carreira profissional que me vi convocado a comparecer diante de um delegado pelo fato de ser jornalista. Na primeira, em 2008, fui à mesma Superintendência da PF em São Paulo, como redator-chefe da *Veja*, para sair de lá como o único indiciado no caso do dossiê dos aloprados. Contei essa história aqui, há menos de um mês. Em 2016, Lula também quis me levar para uma delegacia, sob a acusação de que *O Antagonista* era uma associação criminosa. Nossos advogados conseguiram evitar essa ignomínia. Em 2017, Wagner Freitas, presidente da CUT, foi outro a querer que um delegado me interrogasse. A tentativa foi novamente abortada.

É perturbador que um jornalista, pelo fato de exercer a sua profissão, seja intimado a ir quatro vezes à polícia, na vigência de um regime democrático. Tendo a crer que sou um recordista no Brasil. O delegado designado para conduzir o inquérito inconstitucional saído da cachola de Dias Toffoli e Alexandre de Moraes não soube dizer aos meus advogados em qual condição eu estava ali: se de investigado, testemunha ou, sei lá, colaborador. Ele afirmou ainda que, por ser sigiloso, desconhecia o teor exato do inquérito a meu respeito. Sim, você leu certo: o delegado designado para conduzir o inquérito inconstitucional saído da cachola de Dias Toffoli e Alexandre de Moraes disse não ter ideia sobre o que estava sendo investigado a meu respeito. Se é que eu era investigado, claro.

Eu, no entanto, sei que não há objeto de investigação nenhum. Apenas quiseram calar a boca dos jornalistas da *Crusoé* e de *O Antagonista* que ousaram fazer reportagens sobre ministros do Supremo Tribunal Federal. Como não conseguiram – e nem conseguirão, se o Brasil realmente for uma democracia digna de tal nome –, o inquérito teratológico ampliou a sua ousadia autoritária, com Alexandre de Moraes prestando-se ao papel vexaminoso de censor da *Crusoé* e de *O Antagonista*.

Dias Toffoli e Alexandre de Moraes nutrem a ilusão de que irão destruir a *Crusoé* e *O Antagonista*, acusando-me de estar à frente de sites que não são jornalísticos, mas destinados a produzir notícias falsas contra o Supremo Tribunal Federal, em conluio com procuradores da Lava Jato e militares golpistas – ambos os veículos financiados por gente escusa do mercado financeiro. A ideia agora, pelo que depreendo, é tentar provar que não sou jornalista, embora tenha 35 anos de carreira e seja sócio-fundador de *O Antagonista*, que tem 15 milhões de leitores únicos por mês, e da *Crusoé*, a primeira revista inteiramente digital do país, que conta hoje com 72 mil assinantes.

Dias Toffoli mostrou que seguirá o caminho de tentar nos desqualificar e criminalizar, em entrevista ao *Valor*. Ele disse que orquestramos narrativas inverídicas para constranger o Supremo às vésperas de uma decisão sobre a prisão de condenados em segunda instância, o que seria obstrução de administração da Justiça. Respondi no jornal que o único constrangimento causado ao Supremo se dá pelo comportamento abusivo de Dias Toffoli, que está abolindo o devido processo legal, com o seu inquérito inconstitucional.

No dia seguinte, a *Crusoé* publicou que Dias Toffoli simplesmente mentiu ao *Valor*. Porque a reportagem foi publicada na quinta-feira, dia 11, "o julgamento estava marcado para o dia 10, um dia antes de ela ser publicada, mas já havia sido adiado seis dias antes, no dia 4, a pedido da Ordem dos Advogados do Brasil. E nem sequer havia sido marcada uma nova data. Alem disso, o documento da Odebrecht em que se baseou a reportagem foi anexado nos autos da Lava Jato no dia 9 de abril – após o julgamento ter sido adiado, portanto". Pergunto-me se Dias Toffoli mentiria assim diante do delegado da Polícia Federal que tomou o meu depoimento.

O presidente do Supremo Tribunal Federal também disse ao *Valor* que a *Crusoé* e *O Antagonista* não são imprensa livre, mas "imprensa comprada". Respondi no jornal que não recebemos mesada e que Dias Toffoli não está imune a processo por calúnia.

Dias Toffoli e Alexandre de Moraes imaginavam que nós nos acovardaríamos porque teríamos rabo preso. Nós não nos acovardamos porque não temos o rabo preso. Eles imaginavam que não teríamos apoio dos grandes jornais e emissoras de rádio e TV. Nós tivemos o apoio dos grandes jornais e das emissoras de rádio e TV. Todos perceberam que a ameaça não era apenas contra nós, mas contra a liberdade de imprensa. Eles imaginavam que nós mentíamos sobre a nossa imensa base de leitores. Nós temos uma imensa base de leitores, que podem não concordar com todas as nossas opiniões, mas sabem que somos honestos e transparentes. Os nossos ganhos são financiados por publicidade, jamais estatal, e assinaturas. Em 2018, finalmente consegui recuperar o dinheiro que gastei das minhas economias, enquanto procurávamos viabilizar comercialmente *O Antagonista*.

Eles imaginavam que não contaríamos com o apoio de juristas e entidades de classe. Nós tivemos o apoio de juristas e entidades de classe.

A censura foi levantada, mas não sei até que ponto os demais ministros do Supremo Tribunal Federal deixarão essa alopragem correr solta. Sugiro modestamente que contenham Dias Toffoli e Alexandre de Moraes (o despacho que levantou a censura que não era censura, por exemplo, tem pegadinhas). A pretexto de salvaguardar o Supremo, a dupla só fez afundar ainda mais a imagem do tribunal como guardião da Constituição. São eles, portanto, que ameaçam a corte. Sem o Supremo Tribunal Federal, não há democracia. Assim como não há democracia sem liberdade de imprensa, o que significa o direito de criticar e fiscalizar todas as instituições, inclusive o STF. E, não canso de repetir, a liberdade de imprensa só se enfraquece quando não a exercemos. Se tiver de voltar à PF, direi isso ao delegado.

19.04.2019

COMENTÁRIO: Alexandre de Moraes recusou-se a tirar a *Crusoé* e a mim do inquérito do fim do mundo, apesar de o plenário do STF ter decidido que veículos de imprensa e jornalistas não deveriam ser alvos. Aparentemente, estou na condição de investigado.

Grampo ilegal
é sequestro

Tenho 35 anos de jornalismo e, apesar de os leitores serem muito mais bem informados hoje do que na época em que comecei a trabalhar, acho que continua valendo aquela máxima do escritor inglês G.K. Chesterton, de um século atrás: *"Jornalismo consiste largamente em dizer 'Lorde Jones morreu' para pessoas que nunca souberam que Lorde Jones estava vivo."* Para quem nunca soube que G.K. Chesterton esteve vivo, é dele a seguinte frase: *"Democracia significa governo dos sem-instrução, enquanto aristocracia significa governo dos mal instruídos"* – afirmativa plenamente verificável na sua primeira parte sempre que assistimos a uma sessão do Legislativo.

Não raro, jornalistas acham que Lorde Jones está morto, mas ele continua vivo – ou pensam que ele continua vivo, quando já morreu há muito tempo. O que prova que eles (nós) são iguais aos leitores ignaros e também tão sem instrução como quem os (nos) governa. Lembro-me de um jornalista que, na década de 1980, adentrou a redação da *Folha de S. Paulo* querendo saber o telefone de Ismael Nery, para fazer uma entrevista, até que alguém lhe disse que ele só poderia conversar com o pintor através de um médium, visto que Ismael Nery morrera em 1934. Deixados à solta, sem editores, os repórteres publicariam muito mais bobagens do que já publicam. Mas editores não são garantia de que pequenas besteiras não saiam publicadas. Ou até mesmo grandes mentiras, sob o manto de reportagem investigativa.

Dei toda essa volta para chegar a Glenn Greenwald. Ele se vende como jornalista, mas é um advogado que foi parar no jornalismo primeiro como colunista e, em seguida, como mero publicador de conteúdo repassado por espiões. Esfrega na cara dos outros os prêmios jornalísticos que lhe foram dados, como se isso lhe conferisse legitimidade, embora neste momento esteja à procura de jornalistas de verdade que saibam ler e organizar as supostas mensagens roubadas de Deltan Dallagnol. Parece que encontrou, segundo anunciou no Twitter (para um "jornalista investigativo", convenhamos, ele passa horas demais nas redes sociais e dando entrevistas).

Greenwald pode se vangloriar dos seus prêmios jornalísticos, mas nunca levei a sério nenhum – americano, brasileiro ou islandês. Muito jovem, colei na porta do meu armário um artigo de Paulo Francis, recomendando que jornalistas recusassem prêmios. Não me lembro exatamente dos argumentos dele – tinha algo a ver com compactuar com o poder, ponto a que retornarei adiante –, mas sedimentei convicções suplementares ao longo do tempo. Ganhadores de prêmios jornalísticos são, em geral, escolhidos por outros jornalistas – que se esquecem de que o jornalismo é só o primeiro rascunho da história, frase atribuída a Philip Graham, ex-*publisher* do *Washington Post*, mas cuja autoria parece ser do jornalista Alan Barth. Há quem diga até que foi um terceiro jornalista a pôr a frase na boca de Philip Graham. Ou seja, se nós, jornalistas, não sabemos de qual cérebro saiu essa frase lapidar, não temos mesmo que ganhar honraria nenhuma. É mais uma prova de que somos apenas rascunhadores. Quando não são jornalistas que escolhem jornalistas, são professores de jornalismo – e, sinceramente, eles nem sequer imaginam como informar a causa da morte de Lorde Jones, se é que fazem ideia de que ele estava vivo. Além disso, dar a notícia sobre a morte de Lorde Jones pode ser bom ou não, a depender do julgamento ideológico que o júri de jornalistas ou professores de jornalismo faz a respeito do morto e, principalmente, de quem noticiou a sua morte.

O mesmo Prêmio Pulitzer que o cúmplice de hackers ganhou em 2014 foi dado em 1932 a Walter Duranty, então correspondente do *New York Times* em Moscou. Duranty é uma vergonha para o jornalismo: ele simplesmente escondeu os crimes do stalinismo, inclusive o genocídio pela fome perpetrado pelos soviéticos na Ucrânia. É de se perguntar se não foi justamente por ter protegido Stalin que ele ganhou o prêmio. Em 1981, Janet Cooke, do *Washington Post*, levou o Pulitzer por causa de uma reportagem sobre uma criança de oito anos viciada em heroína. Era tudo mentira. Janet Cooke tinha ainda um currículo acadêmico falso. Ao final, ela teve de devolver o Pulitzer. Janet Cooke é negra, e acho que o politicamente correto vendou os olhos dos jurados – e dos editores do jornal em que publicou a sua mentira.

No Brasil, prêmios jornalísticos são patrocinados por empresas. É aqui que entra Paulo Francis. Como é que um jornalista pode receber prêmio pago por produtor de gasolina, firma de empresário desonesto ou assessorias de imprensa, sem compactuar com gente poderosa ou parecer que compactua, vá lá? Quando era redator-chefe da *Veja*, proibi os jornalistas da revista de concorrer a prêmios jornalísticos. Ainda mais porque o fato de a *Veja* participar – a velha *Veja*, bem entendido – emprestava credibilidade a escolhas malandras feitas por jurados mais suspeitos do que o habitual. Não posso ser muito querido mesmo pela classe, e a recíproca é verdadeira.

Também jamais permiti que publicassem, sob os meus auspícios, reportagens com grampos ilegais. Como já expliquei a quem me perguntou, uma coisa é publicar grampos legais de interesse público, provenientes de um devido processo judicial, ou documento oficial que o governo não quer divulgar. Grampo ilegal é encrenca porque você nunca pode atestar integralmente a autenticidade do que caiu nas suas mãos. Para mim, trata-se de um crime que está na mesma categoria do sequestro. Ou é para executar a pessoa grampeada ou é para cobrar resgate. Em 2005, jornalistas que trabalhavam diretamente subordinados a mim descobriram que havia uma máfia que direcionava os resultados do Campeonato Brasileiro de Futebol. Eles tiveram acesso a um grampo ilegal entregue pelo sujeito que alertara os repórteres. Na gravação, um árbitro conversava sobre o esquema. Vetei a publicação do diálogo e disse, com a concordância da editora da seção, que era preciso informar o Ministério Público e a PF sobre a existência da máfia. Eles que determinassem a abertura de um inquérito, tomassem as providências necessárias – e nos garantissem a exclusividade das investigações. Paralelamente ao trabalho das autoridades, os jornalistas realizaram as suas próprias apurações, cruzando relatos de estranhezas em partidas e placares, em colaboração com a Justiça (sim, Greenwald, é assim que jornalismo investigativo funciona). Sem cumpliciar-se com a ilegalidade, a *Veja* conseguiu interromper o Campeonato Brasileiro e ajudou a desbaratar a máfia que comprometia a principal competição de futebol do país.

Noticiamos que Lorde Jones estava morto sem participar do assassinato dele. Não me lembro se os jornalistas que assinaram a reportagem ganharam um prêmio (acho que foi antes de eu baixar a proibição). Nunca foi um ponto importante para mim.

21.06.2019

O dia em que elogiei Dilma Rousseff

Há um mês, lembraram-me de que fui escritor. Recebi um e-mail da minha agente literária (havia esquecido que tinha uma), informando que uma editora da Turquia se interessara em publicar o meu primeiro romance, *O dia em que matei meu oai*. Ela disse que se tratava de uma ótima editora, mas que, como o país atravessava uma crise econômica, não poderiam pagar um bom adiantamento de direitos autorais. Respondi que a editora só perderia dinheiro ao lançar o meu romance, assim como ocorrera com as editoras dos outros 10 países que haviam cometido essa imprudência. Acho que, com exceção de Paulo Coelho, todos os escritores brasileiros da atualidade dão prejuízo aos seus editores estrangeiros ou, no máximo, empatam o parco investimento. Mas topei a proposta turca, dizendo que seria uma honra ser editado no país de Orhan Pamuk, o que é verdade.

A minha agente literária, cujo escritório fica baseado em Londres, não desiste de mim, apesar de ela contar com um monte de autores realmente interessados na própria carreira literária e exímios na arte de escrever e vender livros. A sua perseverança em relação a mim é diretamente proporcional à distância que nos separa. Entre outros feitos, a minha agente literária conseguiu que uma editora holandesa comprasse o meu segundo romance, *O vício do amor*, e que uma revista libanesa muito elegante, editada em árabe e inglês, me encomendasse um conto, tarefa que cumpri com diligência. No início, você fica orgulhoso de ser um escritor publicado em outras línguas. Não vou negar que seja bacana. Hoje, no entanto, não sinto mais o mesmo orgulho. Quando lembro que fui escritor, fico realmente preocupado com o fato de essas editoras perderem dinheiro comigo.

A literatura trouxe mais chateações do que alegrias para mim, apesar de não ter sido um fracasso comercial no Brasil. Explico: abri mais um flanco para ser atacado como jornalista, deixei a minha vida pessoal ser contaminada e, como se não bastasse, a literatura propiciou que elogiasse Dilma Rousseff no programa de entrevistas de Jô Soares. Ao receber o e-mail da minha agente, revivi o episódio.

Desde o lançamento do meu primeiro romance, que coincidiu mais ou menos com a eclosão do escândalo do mensalão, Jô Soares vinha me convidando para participar do programa dele – e eu sistematicamente recusava, porque não gosto de aparecer na televisão e sabia que a literatura seria apenas a porta de entrada para falarmos de política. Como redator-chefe da *Veja*, o segundo na hierarquia da revista, eu não me sentia confortável para abordar pessoalmente o assunto, visto que o meu papel era falar por meio da *Veja*, em consonância com a linha editorial acertada com o *publisher*, Roberto Civita, e o diretor de redação.

Quando lancei *O vício do amor*, no final de 2011, Jô Soares renovou o seu convite pela terceira vez. Como o mensalão já estava para ser julgado e Lula era ex-presidente havia quase um ano, achei que era o caso de ser educado e aceitar o convite. A frente política parecia mais calma e a entrevista no programa ajudaria na divulgação do romance. Além disso, eu já contava com quatro livros publicados, um deles bastante traduzido, e havia sido premiado pela Biblioteca Nacional. Ou seja, poderia ser considerado um autor de verdade.

A entrevista está no Youtube. Foi tudo muito simpático. A maior parte do tempo foi dedicada mesmo aos meus livros e às traduções do meu primeiro romance. Até que, como não poderia deixar de ser, Jô Soares enveredou pelo caminho da política. Perguntou por que eu não havia aceitado os primeiros convites para participar do programa. Respondi que não me sentia confortável por causa do papel da *Veja* na cobertura do mensalão. E lá pelas tantas afirmei que, até aquele momento, Dilma Rousseff havia me surpreendido positivamente, porque demitira os ministros suspeitos de falcatruas e, ao contrário de Lula, não havia tentado amordaçar a imprensa.

Não disse nenhuma mentira, mas fui um personagem sem convicção no meu elogio a Dilma Rousseff. A realidade é que o fiz para agradar a Roberto Civita, embora ele nada me tivesse pedido. O dono da Abril devia a Dilma Rousseff a aprovação na Anatel da venda de uma frequência de ondas à Telefônica – frequência que havia sido um presente de José Sarney. A venda permitiria à operadora entrar no mercado de TV a cabo e salvaria financeiramente a editora. A petista e Roberto Civita se aproximaram quando ela era ministra-chefe da Casa Civil. "Se a Dilma está brava comigo, me chama de Civita; se está satisfeita, me chama de Roberto", dizia ele. O problema é que, na Presidência da República, Dilma Rousseff o estava chamando de Civita durante a maior parte do tempo – efeito *Veja* –, e isso o preocupava. Achei que o elogio do redator-chefe da revista aliviaria um pouco a barra dele com a inquilina do Palácio do Planalto.

Havia ainda um segundo motivo para o meu elogio: dentro da Abril, como já contei aqui, eu era apontado pelos executivos da editora como o único responsável pelo tom belicoso das reportagens da revista que denunciavam o PT – o que prejudicava os negócios da Abril. Os blogs sujos petistas consolidavam essa visão. Eu havia me tornado um bode expiatório para todo mundo. Ao elogiar Dilma Rousseff no programa de Jô Soares, achei que a atitude confundiria os adversários e ajudaria a desfazer a trama que se tecera contra mim dentro e fora da editora. Eu não estava fugindo das minhas responsabilidades. Assumir responsabilidades não significa ter de assumir as responsabilidades dos outros. Principalmente se isso inviabiliza a sua vida profissional.

O meu estratagema não funcionou, como pude constatar ao sair do cargo de redator-chefe da *Veja*. A hipocrisia é sempre a pior forma de ficção. Para ser breve, de nada adiantou elogiar Dilma Rousseff. E, cinco anos depois, eu ajudaria a derrubá-la, num veículo de imprensa da qual sou sócio-fundador e que nunca dependerá de governos, seja para receber favores ou publicidade. É ótimo não se sentir obrigado a agradar a patrões ou a ter de se defender de executivos mais patronais do que o próprio patrão. Tudo está bem quando termina bem (assim espero).

Em turco, *O dia em que matei meu pai* é *Babami öldürdügüm gün*. Google Tradutor. Falta um acento invertido no "g" da segunda palavra. Não consigo encontrar no teclado. Só voltarei a lembrar que fui escritor daqui a um ano e meio. Esse é o prazo máximo para lançarem o meu primeiro romance na Turquia e perderem os 400 euros que me pagarão como adiantamento.

08.03.2019

A *fake news* do PT e o dia em que fui indiciado

A farsa de que Lula será candidato é uma *fake news* do PT que conta com o patrocínio da Justiça Eleitoral, muito lenta para varrer a impostura, e boa parte da imprensa, que se compraz em divulgá-la. Trata-se, portanto, de *fake news* capaz de causar danos incomensuravelmente maiores do que qualquer outra divulgada nas redes sociais. É também mais um exemplo de como Lula e o PT lançam mão das regras democráticas (no caso, o registro provisório da candidatura no TSE), para tentar corroer por dentro a democracia. A farsa confunde os brasileiros semianalfabetos, como mostra a última pesquisa Datafolha, embaralhando a campanha como um todo. A intenção de Lula e do PT é fazer chicana até que seja impossível deixar de colocar a foto do condenado na urna eletrônica e, assim, tentar viabilizar a eleição do seu poste por meio de um ardil feito sob medida para enganar quem não consegue ler e escrever além do próprio nome.

Depois de tudo o que Lula e o PT fizeram no poder e continuam a fazer fora dele, acho espantoso que ainda haja gente, mesmo de centro-esquerda, que os considere do "campo democrático" e possíveis aliados, como é o caso de Fernando Henrique Cardoso. Ele tomou parte de um episódio que me envolveu pessoalmente, quando eu era redator-chefe da *Veja*. Mostra como o lulopetismo tentou atingir o partido do ex-presidente tucano com uma fraude e, com o fracasso do plano, golpear a imprensa independente. Eu o narrei no livro *Cartas de um Antagonista*, mas volto a fazê-lo aqui, inclusive por sugestão de leitores. Quem sabe não sirva para reavivar a memória de FHC? Eis o artigo atualizado com uma informação obtida pela Lava Jato:

> *No dia 29 de janeiro de 2008, a PF indiciou-me na esteira do escândalo dos aloprados. Durante dois anos, o redator-chefe da revista* Veja *permaneceu como o único indiciado nessa vergonha.*
> *Em 15 de setembro de 2006, pouco antes do primeiro turno das eleições, petistas foram presos pela PF num hotel de São Paulo, com o equivalente a mais de 1,7 milhão de reais em espécie. O dinheiro era para comprar um dossiê falso contra José Serra, que concorria contra Aloizio Mercadante ao governo de São Paulo. Como de hábito, Lula correu para dizer que não tinha nada a ver com aquilo, que se tratava de "um bando de aloprados".*
> *Reuni um editor-executivo e três repórteres para fazer uma reportagem sobre o caso. A missão era obter a foto*

da dinheirama – mantida sob sigilo pela PF – e informações exclusivas sobre a malandragem. Missão dada, missão cumprida. Eles não apenas conseguiram a foto, como descobriram que Freud Godoy, segurança de Lula, e José Carlos Espinoza, assessor do então presidente da República na campanha de reeleição, haviam visitado secretamente o aloprado Gedimar Passos na carceragem da PF.

Publicada a reportagem, a PF negou o encontro de ambos com o preso, mas abriu uma sindicância interna para apurar a história. Os repórteres foram gentilmente convidados a relatar de viva voz a sua descoberta a um delegado. Eles foram acompanhados de uma advogada da Abril.

Eu ainda estava em casa, quando recebi um telefonema do editor-executivo que comandara a reportagem. Um dos repórteres havia ligado para ele – Julia Duailibi, hoje na GloboNews – e, muito nervosa, dissera que o delegado intimidava os jornalistas da revista e a advogada da Abril, sob o silêncio da representante do Ministério Público. O sujeito gritava que a Veja *era mentirosa, além de exigir que eles revelassem fontes e como tinham obtido a foto do dinheiro.*

Telefonei para Márcio Thomaz Bastos e deixei recado para que me ligasse. Em seguida, entrei em contato com Fernando Henrique Cardoso e o senador Tasso Jereissati, que estava em São Paulo. Os dois se dispuseram a seguir para a sede paulista da PF, a fim de exigir que os repórteres e a advogada fossem liberados. Nesse meio-tempo, recebi o telefonema de Márcio Thomaz Bastos. Disse ao ministro da Justiça que ele segurasse os seus aloprados. Márcio Thomaz Bastos mandou que a PF liberasse todos

imediatamente. A sua ordem foi seguida, sob comentários irônicos do delegado intimidador.
Na redação, chamei os envolvidos e cruzei as versões. Todos confirmaram a intimidação e me forneceram detalhes idênticos. O editor-executivo ligou para a representante do MP, que também relatou a situação vexatória sofrida pelos jornalistas e pela advogada. A essa altura, os jornais começaram a me procurar. No dia seguinte, noticiaram o absurdo. O Globo *reproduziu o meu diálogo com Márcio Thomaz Bastos. Diante da repercussão, a representante do MP voltou atrás na sua versão e afirmou que não havia ocorrido intimidação. Os jornais colocaram a versão dos repórteres da* Veja *em dúvida. Fui adiante, com o aval do diretor de redação. Escrevi uma matéria para contar o episódio aos leitores da revista. A* Veja *ainda publicaria mais duas reportagens sobre o delegado intimidador. Entre outras coisas, descobriu-se que a PF o havia "importado" de Sorocaba, a fim de interrogar os jornalistas.*
A PF abriu outra sindicância interna. Meses depois, concluiu que não havia ocorrido intimidação. O caminho estava aberto para que o delegado intimidador me processasse por ter escrito a reportagem que relatara o absurdo cometido contra a liberdade de imprensa. Fui acusado de calúnia e difamação. Curiosamente, o delegado que conduziria o inquérito era o mesmo que havia chegado à conclusão de que os repórteres e a advogada da Abril não tinham sido constrangidos.
Ao ver que o clima estava pesado para mim – eu também era alvo constante dos blogueiros sujos do PT –, Roberto Civita resolveu contratar bons criminalistas. Roberto

Podval e Paula Kahan Mandel me defenderiam. Vi-me intimado a depor na mesma PF que havia esquecido os aloprados, absolvidos que foram, em 2007, por "falta de provas". O delegado havia acordado com os meus advogados que eu falaria e sairia de lá sem acusação formal.
Prestei o depoimento, deram-me a transcrição para eu ler, pedi para que corrigissem o português e assinei. Levantei-me para ir embora, mas o delegado pediu que eu assinasse outro papel. Era o meu indiciamento. Roberto Podval e Paula Kahan Mandel tomaram o papel das minhas mãos e entraram numa discussão acalorada com o delegado. Saí da sala e, apesar da porta fechada, o andar inteiro ouvia os gritos que de lá ecoavam. Fui indiciado à revelia. O delegado recebera ordens para me indiciar de qualquer jeito. A PF havia sido balcanizada pelo lulopetismo.
No início de 2010, finalmente, depois de muitas idas e vindas, a ação penal contra mim foi trancada pela Justiça Federal de São Paulo, mediante habeas corpus *impetrado pelos meus advogados. O desembargador Otavio Peixoto Junior escreveu:*
"Óbvio que os jornalistas não inventaram nada. Alguma coisa o delegado fez que foi sentida ou interpretada como constrangimento e intimidação. Os repórteres não iriam inventar, tirar isso do nada. A meu juízo, o que há é mera notícia de fatos no exercício da liberdade de imprensa e isso é tudo. O que pode haver de mais é o uso do inquérito como retaliação e não duvido que, fosse caso de dilação probatória, surgissem elementos de convencimento dessa hipótese."
O delegado intimidador caiu do telhado e morreu (não é piada). Paula Kahan Mandel deixou a advocacia e se

mudou para Nova York. Roberto Podval se tornaria advogado de José Dirceu ("Mas o seu foi o caso mais difícil que enfrentei", brinca ele). A advogada da Abril morreu de câncer. Os três repórteres e o editor-executivo saíram da Veja *bem antes de mim. O dinheiro dos aloprados foi para a União.*

Em 2017, a Lava Jato descobriu que a bolada – em notas velhas e de pequeno valor que a princípio apontavam para o dízimo de uma igreja evangélica – na verdade havia sido fornecida aos petistas pelo esquema de repasse de propinas da Itaipava/Odebrecht.

24.08.2018

COMENTÁRIO: Lula poderá ser candidato em 2022. Legitimou-se a *fake news*.

Um jantar na casa de Marcelo Odebrecht

Foi em fevereiro de 2012. Um mês antes, eu havia saído da *Veja*, onde era redator-chefe, porque estava cansado de apanhar como o número um da revista, não ter chance de ser o número um da revista e ganhar como o número dois da revista. Depois de a Abril perder publicidade de estatais, por causa da cobertura da *Veja* do mensalão, passei a ser apontado como "desequilibrado" por executivos da editora. Saí para trabalhar na CDN, uma grande assessoria de imprensa. Pois é, tinha tudo para dar errado e, claro, deu errado. É o que ocorre, em geral, quando alguém abandona o próprio caminho.

Estava eu na segunda semana de trabalho na CDN, tentando entender como aquilo funcionava, quando o sócio-fundador da assessoria, João Rodarte, me comunicou que iríamos jantar na casa de Marcelo Odebrecht.

Eu havia encontrado o empreiteiro uma única vez, como redator-chefe da *Veja*, juntamente com um jornalista da revista. Marcelo havia ficado bravo por causa de uma nota do jornalista sobre a relação da Odebrecht com Paulo Preto, apontado como operador tucano. Marcelo ligou para Roberto Civita e afirmou que era mentira (e não era, como sabemos agora). O dono da *Veja* pediu, então, que fôssemos conversar com o reclamante. Publicamos na edição seguinte a versão de Marcelo.

Por ser a maior cliente da CDN, a Odebrecht era atendida exclusivamente por João Rodarte. Perguntei qual era o motivo do jantar e ouvi que "o Marcelo queria ajudar o Eduardo Campos".

Eu também havia encontrado o então governador de Pernambuco apenas uma vez, em 2011, apresentado pelo mesmo jornalista que havia publicado a nota que irritara Marcelo Odebrecht. O jovem governador Eduardo Campos despontava como possível candidato na eleição presidencial do então longínquo 2014 e, como um dos responsáveis pela cobertura de política da *Veja*, quis conhecê-lo. Jantamos – Eduardo Campos, Evaldo Costa (secretário de imprensa do governador), o jornalista da revista e eu – no Palácio das Princesas, em Recife. No jantar, Eduardo Campos se mostrou entusiasmado com a possibilidade de chegar ao Planalto e disse que tinha tudo para ser eleito presidente da República, porque trabalhava duro, enquanto Aécio Neves se divertia em festas no Rio de Janeiro. A sua ambição era ululante.

Convocado por João Rodarte, fui no carro dele até a casona de Marcelo Odebrecht, no Morumbi (fica num condomínio ultraprotegido). Chegamos cerca de meia hora antes do governador, como recomendado. Havia, além do anfitrião, um executivo da empreiteira – Benedicto Junior, que a Lava Jato descobriria ser o responsável pelo setor de propinas da Odebrecht – e um jornalista de quem nunca tinha ouvido falar, que me foi apresentado como um profissional "*do* Estadão". Não lembro o seu nome. Também estavam presentes a mulher de Marcelo e uma amiga ou parente dela, não sei. A sala de estar tinha três ambientes, um deles dominado por um telão. O descanso de tela mostrava peixes nadando num aquário.

Marcelo explicou por que havia pedido para chegarmos antes de Eduardo Campos. Ele queria antecipar o assunto a ser tratado: o governador desejava apagar a má impressão que ele havia causado com a campanha estridente pela indicação da sua mãe, Ana Arraes, para ministra do Tribunal de Contas da União. Como Eduardo Campos achava que isso poderia prejudicar a sua candidatura ao Planalto, Marcelo lhe propôs que a CDN o auxiliasse. Parecia natural para Marcelo que a assessoria de imprensa contratada pela Odebrecht prestasse serviço a Eduardo Campos. Na minha frente, pelo menos, não se falou em pagamento extra à CDN.

Passados cerca de quinze minutos, Eduardo Campos chegou acompanhado de Evaldo Costa. Parecia pouco à vontade. Não demoramos a ir para a mesa.

Depois de a mulher de Marcelo discorrer sobre a dificuldade de comprar bons camarões em São Paulo – o assunto me marcou porque ela contou que os camarões servidos na sua casa paulistana vinham da Bahia de jatinho –, o anfitrião introduziu o assunto da campanha de Ana Arraes para o TCU. Tenso, distante do governador cheio de si que eu havia conhecido no Palácio das Princesas, Eduardo Campos afirmou que havia feito campanha por sua mãe porque ela era realmente o melhor nome para o cargo.

Sem entender que, no meu novo papel de assessor de imprensa, deveria aquiescer, eu disse que ele havia errado ao fazer campanha para Ana Arraes – e uma campanha, imagine só, que havia contado até com moças vestidas com camisetas que traziam estampado o nome da mãe dele. Fiz a comparação com a campanha de Paulo Maluf nas indiretas de 1985. Arrematei que, se havia como provar que Ana Arraes era de fato uma boa ministra do TCU, talvez isso pudesse ser uma pauta interessante para a imprensa. Talvez.

Provavelmente, a vontade de todos naquele momento era me enfiar no jatinho que trazia camarões para a mulher de Marcelo e me fazer sumir no azul do mar baiano. Eu era o Peter Sellers de *Um convidado bem trapalhão*. Mas, tal como Peter Sellers, não percebi nada. Examinando em retrospectiva, achei que estava numa reunião de verdade.

Lá pelas tantas, no meio da conversa que passou a versar sobre a relação da empreiteira com a imprensa, Peter Sellers voltou a manifestar-se. Eu disse que, se a Odebrecht era mesmo inocente de todas as imputações que lhe faziam (e que naquele momento não eram nada perto do que viria a ser revelado), a empreiteira deveria elaborar, divulgar e seguir regras de *compliance*, medida a ser tomada em comum com as concorrentes signatárias de contratos públicos. E mais: que a Odebrecht deveria pensar em mudar de nome, visto que era uma marca manchada para sempre. Como o leitor pode notar, uma boa ideia, não raro, depende de *timing*. No início de 2012, antes da deflagração da Lava Jato, eu devo ter soado bastante vanguardista, para não dizer tolo.

Depois do cafezinho, João Rodarte e eu fomos embora, mas Eduardo Campos permaneceu na casa de Marcelo Odebrecht. Nunca soube sobre o que conversaram sem a minha presença.

O jantar foi na semana que antecedeu o Carnaval. Viajei para a Argentina e, quando cheguei a São Paulo, fui chamado por João Rodarte na sua casa. Ele me demitiu, alegando motivos que não posso revelar em razão de um acordo de rescisão assinado em abril daquele ano. A indenização fruto desse acordo foi o único dinheiro que recebi da CDN.

Reitero que na minha frente, pelo menos, não se falou em pagamento à empresa de João Rodarte pelo serviço a ser prestado a Eduardo Campos. E eu não sei dizer se a CDN efetivamente lhe prestou assessoria. Também não ouvi, durante o jantar ou em qualquer outra ocasião, nenhuma menção a "contrapartidas" que a Odebrecht receberia em troca do favor a ser prestado ao então governador pernambucano. Nas duas semanas que passei na CDN, nada vi que desabonasse os seus sócios e profissionais.

Esse encontro com Marcelo Odebrecht foi, digamos, notícia em duas ocasiões. Na primeira, numa reportagem de Luiz Maklouf Carvalho, biógrafo de João Santana, para a revista *Piauí*. Ele me procurou, no final de 2016, dizendo que estava fazendo uma matéria sobre o mundo das assessorias de imprensa e que, como o meu nome havia surgido em entrevistas, gostaria de conversar comigo. Recusei porque pressenti uma armadilha – àquela altura, Diogo Mainardi e eu éramos os únicos a pedir a prisão e a condenação de Marcelo Odebrecht, em *O Antagonista*, e achei que se tratava de uma vingança da assessoria de imprensa da empreiteira. Eu estava certo. João Rodarte e um preposto seu, Andrew Greenlees, tentaram manchar a minha reputação, com a cumplicidade do biógrafo de João Santana. Disseram delicadezas sobre a minha demissão da CDN que incluíam observações sobre a minha personalidade e competência. Quebraram o acordo firmado entre os nossos advogados, mas eu o respeitei. Deixei de revelar o que me foi dito sobre o motivo da minha demissão. Num post publicado em *O Antagonista*, limitei-me a recomendar a João Rodarte que me esquecesse.

Em abril de 2017, a vingativa Odebrecht voltou à carga através do blogueiro Reinaldo Azevedo, desta vez com mentiras graves. Além de repetir o que já havia sido publicado na reportagem do biógrafo de João Santana, o invertebrado moral disse que, para a surpresa dos presentes ao jantar, levei Eduardo Campos ao "apartamento" do empreiteiro, como se eu fosse lobista implicado em negociatas e do círculo de Marcelo Odebrecht. Francamente ridículo, como podem atestar todas as pessoas que trabalharam ao meu lado em mais de três décadas de jornalismo. Tão ridículo quanto implicar o Diogo num esquema de propina com Aécio Neves, mentira inventada por um ex-executivo da empreiteira.

Nem o biógrafo de João Santana, nem o blogueiro invertebrado moral escreveram do que tratava o jantar com Marcelo Odebrecht. Talvez não soubessem. Agora sabem.

O episódio que serviu para que tentassem se vingar de mim se resume a isto: em fevereiro de 2012, como funcionário da CDN (funcionário que não chegou a receber salário, repito), presenciei Marcelo Odebrecht oferecendo auxílio a Eduardo Campos, para diminuir o estrago na imagem do então governador por causa da campanha em favor de Ana Arraes para o TCU. O dado irônico é que anos mais tarde, ao conversar com fontes minhas no tribunal, ouvi que a mãe de Eduardo Campos até que é boa ministra.

Logo depois da minha demissão da CDN, Roberto Civita me chamou para conversar. Recebi convite para ser correspondente da *Veja* na Europa. Mas essa é outra história de uma vida hoje distante.

03.08.2018

O preço do pãozinho
e o general Médici

Volta e meia alguém me diz que não sabe como aguento escrever sobre política todos os dias. Respondo que nem eu. Aguento profissionalmente, mas não suporto existencialmente. Inclusive porque exerço a atividade de forma a cultivar velhos inimigos e fazer novos todos os dias. É tão insuportável que não me sai da cabeça o deboche que Millôr Fernandes fez da profissão: "Se deixarmos, acaba como na Rússia. Lá toda a imprensa é comunista." Não raro, porém, onde se enxerga comunismo, há somente patetice, poltronice ou conveniências contábeis. O mesmo vale para ideologias antípodas. E tudo fica ainda mais insuportável.

Não escolhi ser jornalista de política – pelo menos não conscientemente. Mas ela entrou na minha vida desde os meus primórdios. Eu era editor das páginas de livros da *Folha de S. Paulo*, em 1985, primeiro emprego de verdade, quando me caiu nas mãos o livro *Segredos de Médici*, a última entrevista feita com o general Emílio

Garrastazu Médici, o presidente mais linha-dura do regime militar e que havia morrido recentemente. O autor da entrevista é o jornalista Antonio Carlos Scartezini. Dei uma lida em diagonal, achei excelente e, na minha obviedade de moleque de vinte e três anos, achei que era o caso de Claudio Abramo resenhá-lo. Abramo havia sido diretor do jornal e pertencia ao Conselho Editorial da *Folha*, que passara a ser comandada por Otavio Frias Filho. No processo de modernização da *Folha*, entre outras imprudências, Otavio colocara um moleque de vinte e três anos como editor das páginas de livros. Vinte e dois, na verdade, porque eu entrara no ano anterior.

Telefonei para Abramo. Ele recusou desagradavelmente. Deu a entender que não poderia extrapolar os limites da coluna que lhe fora reservada. Como o fechamento das páginas urgia, resolvi eu mesmo resenhar o livro com a entrevista concedida pelo general Médici.

Não fazia muito tempo, havia ido ao ar um debate com os candidatos à prefeitura de São Paulo. Os principais eram Jânio Quadros, Eduardo Suplicy e Fernando Henrique Cardoso. Mediado por Boris Casoy, que fora editor-chefe da *Folha* e permanecia no jornal na área de política, o debate virara objeto de controvérsia porque Casoy perguntara se FHC acreditava em Deus. O candidato respondeu comicamente: "*O senhor prometeu que não ia me fazer essa pergunta*", e depois balbuciou um "sim" inconvincente. Casoy também perguntou a Suplicy se ele sabia o preço do pãozinho. O candidato não sabia. Jânio Quadros venceu a eleição e, ao assumir o cargo, mandou limpar a cadeira de prefeito na qual FHC ingenuamente se sentara para fazer uma foto para a *Veja São Paulo*.

A entrevista com o general Médici foi lançada em livro no momento em que pegava fogo uma discussão na seção de opinião da *Folha* entre partidários de FHC e Suplicy e o diretor Otavio Frias Filho. Os primeiros acusaram Casoy de ter sido tendencioso ao formular as perguntas sobre Deus e o preço do pãozinho, a fim de tirar votos de FHC e Suplicy e favorecer Jânio. Otavio Frias Filho saiu em defesa de Casoy, dizendo que a crença em Deus e o preço do pãozinho eram questões importantes num país de forte religiosidade e exaurido pela inflação.

Enquanto o quiproquó corria solto, eu lia o livro. Em dado momento, Médici diz a Scartezini que, durante o tempo dele na presidência da República, a inflação ficara sob controle, comenta como o pãozinho custava caro naquele 1985 – e cita o preço com exatidão. Eu era um moleque de vinte e três anos, mas não um completo idiota. Médici saber o preço do pãozinho era relevante e divertido naquele momento. Relevante por motivo óbvio: o preço do pãozinho estava numa das páginas nobres da *Folha* e virara fogaréu no circuito USP-PUC. E divertido porque, convenha-se, desconcertava tanto os partidários de FHC e Suplicy, como quem defendia Boris Casoy. Não menos importante, eu também estava disposto – numa zona nebulosa entre o inconsciente e o consciente – a chutar o pau da barraca, porque não aguentava mais aquele pessoal vestido de cantor *New Wave* que povoava a *Ilustrada*, o caderno que abrigava as páginas de livros.

Publiquei a resenha no sábado. Escrevi apenas uma linha sobre o assunto: "A quem interessar possa, o general sabia o preço do pãozinho." Na segunda-feira, o secretário de redação jogou sobre a minha mesa duas laudas em que Otavio Frias Filho afirmava que eu havia faltado com respeito a Boris Casoy e como a minha resenha revelava a minha falta de talento. Coloquei o cargo à disposição e fui demitido na quarta-feira, quando encontraram alguém para ocupar o meu lugar. Antes de ir embora, conversei com o diretor do jornal. Ele me disse "*no hard feelings*".

Quase vinte anos mais tarde, encontrei-me com Otavio Frias Filho. *No hard feelings*. Ele também era uma criança na época. Demos risada sobre aquela linha que mudou a minha vida e indicou o preço a ser pago pelo pãozinho meu de cada dia.

Atualização: em 21 de agosto, pouco depois da publicação do artigo acima, Otavio Frias Filho viria a morrer, aos sessenta e um anos, de câncer de pâncreas.

17.08.2018

COMENTÁRIO: Otavio Frias Filho faz muita falta à *Folha*.

Me odeie pelos motivos certos

"Para fazer uma excelente sátira, bastar dizer como são as coisas."

A frase é do austríaco Karl Kraus, um dos grandes satiristas, senão o maior, do século XX. Ele era um jornalista que odiava jornalismo pelos motivos certos. Porque, é bom frisar, você pode gostar ou odiar – tudo, não só jornalismo – por razões certas ou erradas.

O ódio de Karl Kraus ao jornalismo está condensado no seguinte trecho de *Nesta grande época*, publicado em 1918, ano em que terminou a Primeira Guerra Mundial:

A submissão da humanidade à economia só lhe deixou a liberdade de ter inimigos, e, se o progresso lhe acerou as armas, criou-lhe também a mais assassina de todas, uma arma que lhe tirou, para além da sua necessidade sagrada, até mesmo a última preocupação com a salvação espiritual terrena: a imprensa. Torna-se-me claro que a vida não passa de uma cópia da imprensa. Se, nesta era de progresso, aprendi a subestimar a vida, fui forçado por outro lado a sobrestimar a imprensa. O que é ela? Um simples mensageiro? Alguém que nos incomoda com as suas opiniões? Que arrasta atrás de si um séquito de personalidades informadas, a par dos acontecimentos, iniciadas e notáveis, que têm por função dar-lhe o aval, dar-lhe razão, parasitas importantes do supérfluo? Um dia as pessoas poderiam dar-se conta de como uma guerra mundial como esta foi uma coisa insignificante comparada com a automutilação espiritual da humanidade através da sua imprensa. Hoje em dia, as relações entre as catástrofes e as redações são muito mais profundas e portanto muito menos claras.

Quando ouço jornalista chamando jornalista de "brilhante" ou "mestre", tenho arrepios. Não existe jornalista brilhante. Existe médico brilhante, físico brilhante, químico brilhante. E mestre cervejeiro até pode existir, mas jornalista mestre é uma contradição em si. Mestre em quê? Cito outra vez Karl Kraus:

O barbeiro conta novidades quando deveria apenas cortar o cabelo. O jornalista é espirituoso quando deveria apenas contar novidades. Dois sujeitos que querem subir na vida.

Na verdade, Karl Kraus não era jornalista. Ele esteve jornalista. Eu me condenei a estar jornalista. Vim parar no jornalismo por absoluta falta de talento para qualquer coisa. Como o meu avô materno era repórter, talvez tenha me tornado jornalista por causa de um Complexo de Édipo mal resolvido, sei lá. O que sei é que odeio jornalismo, assim como Karl Kraus odiava. Não fiz amigos em nenhuma redação por que passei, não frequento rodas de jornalistas e acho um clube de carteado mais respeitável do que as associações de classe jornalísticas. O tipo de jornalista mais repulsivo? Aquele que usa a verdade para contar mentiras. O mais doloroso na profissão, contudo, não é ter de conviver com esse tipo de gente. É ficar colado à realidade mais chã durante todo o tempo. Automutilação espiritual.

Nunca tantos odiaram o jornalismo como agora. Uma pesquisa do Pew Research Center, divulgada nesta semana, mostra que diminuiu o número de brasileiros insatisfeitos com a democracia. Há dois anos, 83% não estavam contentes com o pior de todos os regimes, excetuados todos os outros já tentados. Hoje, são 56%. Em tendência inversa, o apoio à liberdade de imprensa caiu de 71% para 60% no mesmo período. É curioso que os brasileiros não associem democracia a liberdade de imprensa, mas dá para entender. A imprensa andou fazendo muita coisa feia. A principal delas foi tentar deslegitimar a candidatura de Jair Bolsonaro. Ele é o que é, mas democracia é isto aí: resignar-se a ser governado por quem você não gosta na pessoa física ou de quem você discorda radicalmente na jurídica, se assim decidir a maioria. O problema é o ódio ao jornalismo pelos motivos errados. Mesmo Karl Kraus informava-se pela imprensa, e até fundou e dirigiu um jornal. Porque não tem jeito: jornalistas sempre acabam forçados a relatar fatos, embora não raro os interpretem mal.

Fernando Collor de Mello caiu por obra da imprensa. A compra da emenda da reeleição, no governo de Fernando Henrique Cardoso, foi revelada por jornalistas. O mensalão de Lula, idem. As pedaladas que levaram ao impeachment de Dilma Rousseff? Imprensa. Não fossem jornalistas, a Lava Jato teria sido abortada logo no início – e, provavelmente, Bolsonaro não teria chegado ao Palácio do Planalto. Você até pode achar que a imprensa continua a carregar nas tintas em relação ao presidente, mas é inegável que o filho mais velho dele, o hoje senador Flávio, mantinha gente suspeita lotada no seu gabinete de deputado estadual, no Rio de Janeiro. E ora veja só: não haveria tanto *frisson* com a manifestação no próximo dia 15, se jornalistas não tivessem divulgado a fala do general Heleno sobre os chantagistas do Congresso. Chantagistas: lembre-se de que todo político é mentiroso, em maior ou menor grau, e é preciso ter gente atrás das portas, para vigiá-los e jogar o lixo fora. Alguém precisa fazer o trabalho sujo.

Odeie o jornalismo pelos motivos certos, não pelos errados. Grite quando erramos na informação, emitimos opiniões enviesadas ou, pior, usamos a verdade para contar mentiras. Mas fatos são como aquelas especialidades de restaurantes franceses – incontornáveis. Não adianta substituí-los por versões oficiais e sair gritando que tudo é *fake news* ou fofoca. É má sátira, inclusive. A sua maior vingança contra os jornalistas é sabê-los indissociáveis da realidade mais rasteira, mais abjeta. Para voltar a Karl Kraus, "a relação dos jornais com a vida é mais ou menos a mesma das cartomantes com a metafísica". Você pode escapar da automutilação espiritual. Nós, não.

28.02.2020

O pequi roído

Como a *Crusoé* noticiou, "*o Ministério Público Federal arquivou o inquérito policial aberto a pedido do então ministro da Justiça, André Mendonça, para investigar responsáveis por um* outdoor *que compara o presidente Jair Bolsonaro a um 'pequi roído'. Segundo a Procuradoria, a mensagem não passou de uma posição política de seus autores e está protegida pelo direito à liberdade de expressão*". Nada a ver, portanto, com crime contra a honra de Bolsonaro, como queria fazer crer o Andrezinho, agora novamente advogado-geral da União. O *outdoor* financiado por um empresário e um sociólogo e instalado em Palmas, capital de Tocantins, dizia o seguinte: "*Cabra à toa, não vale um pequi roído, Palmas quer impeachment já!*".

De acordo com a procuradora Melina Castro Montoya Flores, que arquivou a investigação, "apontar falhas e criticar a conduta do homem público (ainda que com termos pejorativos e irônicos, como "pequi roído") constituem dever social do cidadão e se inserem no âmbito dos questionamentos que autoridades governamentais estão sujeitas a sofrer".

Na minha ignorância monumental em relação à natureza, eu não sabia até a celeuma o que era pequi. Trata-se do fruto de uma árvore do cerrado, o pequizeiro. "Pequi roído", portanto, é algo sem valor, meio estragado. Na minha opinião de cidadão, é uma boa definição para a maioria esmagadora dos políticos brasileiros.

O ponto a ser realçado aqui é que o governo de Jair Bolsonaro, assim como aqueles que orbitam em torno dele, decidiram calar os cidadãos e a imprensa com a velha e má intimidação judicial. Fazem com os adversários aquilo de que acusam os outros de fazer com eles. Tentam amordaçar as vozes discordantes e, no limite, punir quem ousou deles divergir. Felizmente, ainda há procuradores como Melina Castro Montoya Flores e juízes que não levam adiante essa barbaridade. Infelizmente, a intimidação costuma funcionar mesmo assim. O simples pedido de abertura de investigação já é capaz de evitar que outros cidadãos decidam abrir a sua boca para criticar o presidente ou qualquer outra autoridade em termos mais fortes.

A intimidação judicial é fato mais corriqueiro do que se imagina: veículos de comunicação sofrem com o problema ora mais, ora menos. Como isso aumenta os custos com advogados, há aqueles que refreiam o uso de adjetivos. Isso não seria um grande problema (adjetivos sempre deveriam ser usados com parcimônia) se não implicasse também o receio de publicar substantivos – ou seja, reportagens e comentários de articulistas que se atêm estritamente a fatos nada lisonjeiros para poderosos. É aí que se instaura a autocensura, que hoje afeta até integrantes do Ministério Público, ameaçados por exercer o dever de investigar e o direito de expressar as suas opiniões.

Desde que comecei a minha carreira jornalística, há 37 anos, posso garantir que a intimidação judicial e o seu correlato, a autocensura, nunca estiveram tão em voga. Ou tão em toga. Notícias sobre a prática de supostos ilícitos por ministros dos tribunais superiores são quase sempre abafadas por quem deveria publicá-las.

Bolsonaro é um pequi roído, mas não é só ele.

31.03.2021

Não temos medo

Logo depois que *O Antagonista* foi lançado, em 2015, aconteceu algo inédito comigo: passei a ser cumprimentado na rua, em restaurante e até em avião. O mesmo começou a ocorrer com os demais jornalistas que foram se agregando ao site. Elogiavam a nossa coragem e disposição para denunciar os crimes cometidos pelo PT. Incomodado com o nosso alcance, e cada vez mais implicado na Lava Jato, Lula tentou emplacar a mentira de que os jornalistas deste site integravam uma "associação criminosa". Até para a polícia o seu advogado, agora homenageado por ministro do STF com lágrimas nos olhos, quis me levar.

Veio o impeachment de Dilma Rousseff, a Lava Jato ganhou mais impulso, Lula foi preso, lançamos a *Crusoé* e continuamos a ser cumprimentados, mas menos. Previsivelmente, os primeiros ataques extrapetistas iniciaram-se quando os irmãos Batista entregaram Michel Temer e a Lava Jato passou a investigar tucanos. Ganhou força a calúnia inventada ainda sob o PT de que o site "especulava com a notícia", alusão ao fato de termos como sócios na época uma empresa de relatórios financeiros.

Na campanha presidencial de 2018, enquanto boa parte da imprensa se dedicava a deslegitimar a candidatura de Jair Bolsonaro, nós pegamos essa contramão para afirmar que, por mais que o homem fosse quem fosse, ele tinha o direito de ser candidato. Do outro lado, afinal de contas, havia um ladrão. Ressuscitados pela candidatura do poste de Lula, os petistas aumentaram o volume da difamação nos blogs sujos criados e patrocinados por eles: a nossa posição sobre o candidato Bolsonaro era mais uma prova de que não passávamos de um "site de extrema-direita". O sujeito foi eleito, tentamos entender o bicho novo que se instalara no Planalto, dando crédito ao voto de 57 milhões de brasileiros, mas o abafamento das denúncias contra Flávio Bolsonaro não demorou a ser o principal plano de governo, o que acabaria levando à saída de Sergio Moro do Ministério da Justiça. Para não falar da agenda aloprada do que se convencionou chamar de ala ideológica. Seria, no mínimo, irresponsável não tocar mais de um dedo nessas feridas.

Como *O Antagonista* continuou a fazer o trabalho a que se propôs desde o início – o de fiscalizar o poder, de maneira independente (recusamos todo tipo de propaganda governamental) –, viramos alvo dos bolsonaristas (e do STF, no episódio da censura por causa da reportagem da *Crusoé* sobre "o amigo do amigo de meu pai", mas essa é outra história). Eles, os bolsonaristas, não só retomaram a calúnia petista, como passaram a nos associar à figura do governador tucano João Doria, fingindo ignorar que o governador paulista apanha bastante no site. Dia sim, outro idem, a rede de ódio bolsonarista mente que recebemos dinheiro de Doria, enquanto aplaude a sociopatia e o amadorismo do seu líder em relação à pandemia. A batatada da vez é essa do "Mamata Connection". Paralelamente aos ataques bolsonaristas, os petistas associados a tucanos e demais fisiológicos conseguiram minar a Lava Jato com as mensagens roubadas – e, com elas, buscaram reconstruir a falsa história de que éramos uma espécie de braço armado dos procuradores e de Sergio Moro. Os bolsonaristas também entraram nesse vácuo. A lorota dos cúmplices de hackers desmoronou logo.

Não sou – não somos – mais cumprimentados na rua (quando havia rua). Nenhum problema, porque jamais tive qualquer ilusão sobre esse tipo de fama e as minhas vaidades passam longe desse tipo de agrado. Espero que os meus colegas compartilhem de atitude semelhante perante a vida. Quando vez por outra ainda era abordado e me perguntavam por que havíamos mudado, respondia que permanecíamos – e permanecemos – no mesmo lugar: do lado do Brasil, não de partidos, organizações criminosas ou aspirantes a caudilhos. Parece simples, deveria ser simples, mas não é para muita gente. Pena.

Com a soltura de Lula, a sanha dos blogs sujos, da imprensa apartidária com partido e dos militantes virtuais petistas (essa gente bacana que quer se vender como "polo democrático") vai se juntar à das vozes compradas pelo bolsonarismo e da milícia digital capitaneada pelo gabinete do ódio. Estamos prontos para o que der e vier. Não há bravata ou heroísmo nisso. Apenas dever de ofício. Enquanto contarmos com o apoio dos cidadãos silenciosos que a tudo assistem entre incrédulos e indignados, iremos em frente. São eles que, quando a coisa fica feia além da conta, tomam as avenidas para exigir mudanças de verdade.

05.04.2021

liberdades

O pênis místico de João de Deus

"*A brevidade da nossa vida, o embotamento dos nossos sentidos, o torpor da nossa indiferença, a futilidade da nossa ocupação nos permitem saber pouco, e esse pouco é logo abalado e depois arrancado da mente por aquele traidor da aprendizagem, madrasta hostil e infiel da memória, o esquecimento.*" A frase, em fiapos, veio à minha cabeça depois de um exame médico de rotina por que passei na semana que corre. Foi uma endoscopia. Você é sedado com o mesmo remédio no qual Michael Jackson se viciou (a informação é da médica) e acorda sem lembrar de nada do que se passou nos últimos vinte minutos.

Tenho cinquenta e seis anos e desde os quarenta a sedação se tornou algo corriqueiro na minha vida. A mais forte foi há dez anos, quando passei por uma cirurgia no intestino. Acordei enregelado (é normal) na sala de recuperação inteiramente branca, ao lado de outros recém-operados. Achei que havia morrido e ido parar num desses hospitais do além-túmulo de que falam os espíritos. Foi uma certeza rápida, porque logo vi nos lençóis a Estrela de David do logotipo do hospital. Assegurei-me de que estava vivo porque, como sou de família católica, pensei que jamais iria parar num limbo judaico. Não me ocorreu que talvez o limbo pós-morte seja igualmente compartimentado por religião – ou exista um único limbo de outra religião, a comprovar que a sua própria crença era a errada.

A sedação, uma pequena morte, é a demonstração química da frase de João de Salisbury, citada no início deste artigo. João de Salisbury foi um eminente professor e teólogo do século XII. Eu o li um pouco quando traduzi *Arte e beleza na estética medieval*, de Umberto Eco, lá na década de 1980. A sedação nos dá a dimensão da brevidade da nossa vida, embota os nossos sentidos e nos faz esquecer até de nós mesmos (desconfio de que Michael Jackson gostava especialmente de esquecer de si próprio).

Fui até João de Salisbury, nas asas da sedação química, para falar de outro João – o de Deus. Que não é de Deus, e sim do diabo, a crer em todas as denúncias de abuso sexual e estupro que surgiram até agora. Ele é definido como médium, mas, canônico que sou, vou chamá-lo de curandeiro. É uma monstruosidade aproveitar-se do desespero alheio dessa forma, mas de monstros o mundo está cheio desde muito antes da época de João de Salisbury. O que me impressiona é alguém segurar no pênis de um curandeiro ou se deixar penetrar por um pênis de um curandeiro, acreditando estar em contato com um espírito.

Que fique claro: não estou culpando as vítimas de jeito nenhum. É sórdido atribuir a culpa do estupro a quem é estuprado. Mas as mulheres que até agora denunciaram o curandeiro não parecem ser ignorantes – ou ignorantes ao extremo –, nem são crianças ingênuas. É gente de classe média, com grau razoável de estudo, e algumas são estrangeiras de bom nível social. O que as fez sucumbir a tamanho engano, acreditando estar em contato com o divino?

Minha explicação é a sedação mística. Estou parafraseando o sapo alemão barbudo e fedorento, mas não acho que a religião seja o ópio do povo – pelo menos, não a religião de João de Salisbury. O misticismo, sim, é um opiáceo poderoso. Ele anestesia contra o grande milagre que é o universo e tudo o que ele proporciona. Alguém anestesiado pelo misticismo torna-se cego para o fato de que divinas mesmo são as leis da física que nos permitem voar de avião e nos lançarmos ao espaço; as telas digitais numa das quais batuco este artigo que depois será enviado também digitalmente para milhares de pessoas no Brasil e no exterior; as lentes multifocais que permitem não trocar de óculos para enxergar de longe e de perto (e trituram a minha cervical); as moléculas sintetizadas em laboratórios que nos curam de doenças antes sinônimos de morte ou adiam a sua letalidade.

Acreditar na capacidade da ciência – e igualmente nos seus limites – é uma forma de religiosidade, porque nos conecta com o mundo visível e nos faz reconhecer a nossa impotência perante o invisível (ou o imprevisível). Acreditar no pênis de João de Deus – e na sua falta de limites – é uma demonstração de misticismo, porque nos aliena do que é visível no mundo e faz crer que se é potente diante do invisível (ou imprevisível). Tudo era bem visível no pênis de João de Deus, mas elas, as vítimas, não viram e acreditaram que um falo pudesse ser potente para além de uma simples ereção causada por sangue em estruturas cavernosas. Estavam sedadas pelo misticismo, outro traidor da aprendizagem.

14.12.2018

O suicídio do Brasil

Os professores do meu filho caçula dizem aos alunos que eles deveriam andar mais por São Paulo. A pé, de bicicleta, ônibus ou metrô, é que se conhece verdadeiramente uma cidade. Eu também acho, óbvio, desde que você não tire o celular do bolso, não use relógio, leve consigo sempre o dinheiro do ladrão e fique atento ao menor movimento suspeito de gente querendo exercer os próprios direitos humanos sobre o próximo.

"Fui com a escola ao centro da cidade, lembra?", perguntou-me o garoto. "Lembro, claro", respondi. "Tem cheiro de xixi e um monte de mendigos", ele disse. Era mesmo hora de levar o meu filho para dar uma longa caminhada.

Escolhi como destino a escola pública onde cursei boa parte do que é hoje o ensino fundamental. Pelo caminho, fui mostrando aspectos dos bairros que atravessávamos, as casas de antigos amigos, o prédio no qual morei logo depois de casar (pela primeira vez), a casa do meu avô paterno, o restaurante italiano frequentado por mim quando o dinheiro era bem mais curto (agora com um horrendo letreiro vermelho)... Até o posto de gasolina mereceu referência no meu itinerário sentimental. Chegamos, então, à escola.

Eu não esperava encontrá-la aberta num domingo, mas o que vi do lado de fora foi suficiente para imaginar o seu interior. Lixo acumulava-se no quarteirão ocupado pelo edifício histórico (era uma escola modelo do estado de São Paulo). A entrada do ginásio onde jogávamos basquete e vôlei – e que servia de auditório para exibições de orquestras sinfônicas – tornou-se abrigo de mendigos, com direito a varal. Ao olhar pela fresta de um dos portões, me deparei com uma pilha de carteiras velhas na entrada de um dos prédios com vidros quebrados. Com ar desolado, ouvi: *"Até que não está tão ruim, pai."*

Na volta, um pensamento insinuou-se na paisagem: o suicídio. Não o meu, não pretendo me matar, não se preocupe (ou não se alegre). Mas o do país. *"O Brasil é suicida. Uma república das bananas de dinamite amarradas à cintura"*, pensei. *"Está matando de fome e ideologia a educação pública, está matando o meu passado e o passado de um monte de gente, está matando de morte matada 63 mil pessoas por ano (sem contar as 37 mil em acidentes de trânsito), está matando a paisagem (a favela da Rocinha voltou a expandir-se freneticamente num dos cartões-postais do Brasil), está matando de corrupção os doentes pobres. Tudo está despencando pelas nossas mãos, é um suicídio coletivo.*" E me veio à cabeça o escritor Albert Camus. Não sei se ele continua a ser lido no Brasil, mas a moçada gostava bastante dos seus livros até a década de 1980. Pelo menos a moçada que andava a pé, de ônibus ou metrô, na qual eu me incluía.

Em *O mito de Sísifo*, Camus (que morreu num acidente de carro) escreveu: "*Só existe um problema filosófico realmente sério: o suicídio. Julgar se a vida vale ou não vale a pena ser vivida é responder à pergunta fundamental da filosofia.*"

Tenho uma relação ambígua com esse ensaio. Ele é brilhantemente vertiginoso nos argumentos, mas parte de uma premissa que considero falsa – a de que o suicídio seria um problema filosófico que coloca o absurdo da existência no centro da discussão. O sentimento de absurdo, segundo Camus, surge quando constatamos ser impossível enquadrar a realidade universal num princípio racional e razoável. "*Nasce desse confronto entre o apelo humano (por um sentido) e o silêncio irracional do mundo*", disse ele. Dessa impossibilidade, brotaria a angústia suicida, inclusive a filosófica. Fui ligeiramente suicida num artigo publicado na *Veja*, em 1995, sobre duas moças que se mataram em Brasília. Ao citar incompleta e elipticamente Camus, dei a entender que ele defendia o suicídio como solução. Fui criticado por gente letrada, porque se trata do contrário: Camus faz a defesa da vida, uma vez que o absurdo é uma criação humana. Sem o pensamento do homem, que busca dar sentido ao mundo, o absurdo não existiria. O mundo é o que é, independentemente de nós. Não se trata, portanto, de evadir-se do absurdo, por meio do suicídio, mas de enfrentá-lo na condição de homens que incorporam o absurdo como algo que os une ao mundo – como Sísifo do mito grego, condenado pelos deuses a empurrar eternamente uma pedra até o alto de uma montanha, para depois vê-la rolar pela encosta. "*A própria luta para chegar ao cume basta para encher o coração de um homem. É preciso imaginar Sísifo feliz*", escreveu Camus.

Ele rejeita o suicídio, mas ao declarar que o tema do seu livro "*é justamente essa relação entre o absurdo e o suicídio, a medida exata em que o suicídio é uma solução para o absurdo*", Camus acaba reconhecendo uma saída no gesto extremo, apesar de repudiá-lo. A citação ligeira no artigo da *Veja* se referia a esse ponto. A minha posição pode ser prosaica: há várias causas para o suicídio e nenhuma delas é um problema filosófico. Até há lucidez em algumas dessas causas, mas sempre gerada pelo desespero mais visceral. Acho que tratar o suicídio como problema filosófico é tentar reduzi-lo a um princípio racional, embora irrazoável.

Como sou um "*bostão que escreve bosta*", na amável definição de um leitor da *Crusoé*, dei toda essa volta, mais longa que a caminhada com o meu filho caçula, para concluir que o suicídio do Brasil ocorre porque nos falta a resiliência de um Sísifo. Na minha opinião, como qualquer suicídio, o nosso está longe de ser um problema filosófico. Muitos explicam a nossa escassez de resiliência, sem falar em suicídio, como questão sociológica. Não importa. Basta. Temos que superar essa questão, se quisermos viver. Construir – e manter – um país civilizado é carregar a mesma pedra até o alto da montanha todos os dias. E, ao verificar que ela rolou pela encosta, sentir felicidade em devolvê-la ao cume, como recomenda Camus. Saio de Saint-Germain, em Paris, e vou a pé para o nosso sertão. "*Estamos condenados à civilização. Ou progredimos ou desaparecemos*", escreveu Euclides da Cunha. Alegremo-nos com essa sentença de vida. É absurdamente necessário cumpri-la. Rejeito o suicídio e quero a minha escola pública consertada, limpa e bem cuidada.

23.11.2018

COMENTÁRIO: A pandemia deixou ainda mais evidente a precariedade da escola pública. Sem computadores, celulares e conexão à internet adequados, além de professores igualmente despreparados materialmente para o desafio de ministrar aulas virtuais, a maior parte dos alunos já vai para o segundo ano letivo perdido. O suicídio do Brasil é contínuo.

A Bia, Paulo Freire e eu

Se você perdeu a notícia em meio à profusão de boas novas vindas da Câmara, vou recapitular o que registrei em *O Antagonista*, na minha tediosa ocupação de jornalista profissional e, agora, na esperança de que você ultrapasse a colina de números compilados. No início desta semana, a Organização para a Cooperação e Desenvolvimento Econômico (OCDE) divulgou os resultados do último Pisa, o exame de avaliação de alunos de 15 anos coordenado pela entidade e realizado a cada 3 anos desde 2000. O Brasil, para variar, ficou numa posição humilhante entre as 79 nações cujos estudantes foram avaliados. No *ranking* geral, o país ficou em 57º lugar em leitura, em 70º em matemática e em 66º em ciências. A China, representada por quatro províncias, obteve o primeiro lugar nas três competências, o que me fez lembrar uma piada da minha adolescência: "mate um asiático e entre na faculdade" (espero não ser processado por causa da lembrança).

Quando os números gerais são destrinchados, o desastre mostra com mais força as suas proporções ferroviárias: 50% dos alunos brasileiros figuraram entre os piores em leitura (23% nos países da OCDE) e 68% entre os piores em matemática (24% na OCDE). Os que atingiram o alto do *ranking* em ao menos uma competência foram apenas 2% (16% na OCDE). Quer outro susto? Apenas 2% dos estudantes brasileiros conseguem diferenciar fato de opinião, contra 10% do conjunto de estudantes dos outros países. É fato, não opinião.

Como era previsível, e até certo ponto justificável, puseram a culpa naquela disciplina subjacente a quase todas as outras, a doutrinação esquerdista. E deram um rosto barbudo à nossa encrenca escolar: o de Paulo Freire, alvo preferencial de Abraham Weintraub, o ministro da Educação que talvez escreva "insitaria" por culpa das variações infantis do método de alfabetização de autoria do Rousseau nacional. Sem querer incitar os leitores ao ódio contra mim, confesso: tentei ensinar adultos a ler e escrever por meio do método de Paulo Freire. A meu favor, posso dizer que foi numa única noite e a responsabilidade é da Bia.

Conheci a Bia em 1980, num cursinho pré-vestibular onde exercitava a minha então atividade preferida: brisar, como diria o meu filho caçula, que segue o modelo paterno. Loira, alta, olhos claros, a Bia parecia bonita o suficiente para que eu, moreno, estatura mediana e olhos escuros, me interessasse por ela. A Bia também tinha um quê de personagem de Ingmar Bergman, com os óculos redondos e enormes emoldurados pelos cachos dourados. Ficamos amigos, e nunca fomos além disso, embora houvesse uma certa tensão no ar. Ia à sua casa à noite, para não fazer o que pretendíamos: estudar. Só conversávamos. Foi lá que conheci a sua outra irmã loira, mas não arriscarei mais uma digressão.

Entramos na PUC de São Paulo, em 1981. Ela, em psicologia; eu, em jornalismo. Simpaticamente, a Bia apareceu na porta da minha classe, para me dar um presente de aniversário: o livro *O que é isso, companheiro?*, de Fernando Gabeira. Está na minha estante até hoje. Nós nos encontrávamos no intervalo, com frequência que foi escasseando. Amizade, aquela tensão. Certa vez a levei – na verdade, ela me levou, porque o carro era do pai dela, uma Caravan, se não me engano – ao sobradinho do Bexiga onde o Diogo Mainardi morava, juntamente com a primeira mulher, depois de ele abandonar a London School of Economics, alérgico que era a formalidades escolásticas, assim como eu. Foi em 1982. A minha única lembrança nítida dessa noite é do Diogo gordalhão, sentado numa poltrona da qual não levantava o traseiro, perguntando à Bia quanto o pai dela ganhava por mês. Economics.

No começo daquele ano, fui ao aniversário da Bia, na casa nova da família dela, projetada justamente pelo pai arquiteto de quem eu ficaria sabendo o salário graças ao Diogo. Os quartos eram cubículos e a sala era enorme, em obediência ao preceito de que todos deveriam passar a maior parte do tempo na área comum. Socialismo aplicado à arquitetura, sempre em concreto cinza na parte externa, sempre em linhas retas quando seria recomendável uma ou outra curva, sempre em linhas curvas quando seria recomendável uma ou outra reta. Conheci diversas casas semelhantes, invariavelmente em bairros chiques. Boa parte tinha uma lousa verde na copa adjacente à sala enorme. Era moderno a família deixar recados a giz.

Retomando: fui ao aniversário da Bia, após a minha primeira viagem à Europa. Como estava chovendo, apareci com um impermeável comprado em Roma. Ela abriu a porta e perguntou: "*O que significa isso?*", apontando para o meu impermeável. Respondi: "*Eu é que pergunto: o que significa isso?*", apontando para as antenas de arame, com estrelinhas nas pontas, que ela colocara na cabeça. Era moda, descobri. Fiquei recolhido num canto, com o meu impermeável, enquanto observava a quantidade de amigos da Bia. Muitos, mesmo. Permaneci na festa durante uma hora, mais ou menos, esnobado pela aniversariante e me sentindo o Tônio Kroeger, de Thomas Mann. Naquela profusão de antenas de arame com estrelinhas na ponta e rapazes com pulôver de lã de lhama, eu era um buraco negro com o meu impermeável. Fui embora num táxi chamado pelo pai dela.

A lembrança seguinte é da segunda visita à casa nova dela. Em 1982, a Bia estava acamada no cubículo que lhe fora reservado, convalescendo de uma hepatite que pegara na Bolívia. Ela estava traumatizada com a experiência. Foi tão roubada que antecipou a volta ao Brasil, depois de uma crise nervosa que culminou com notas e moedas de pesos jogadas no meio da rua, aos gritos de "se vocês querem dinheiro, tomem!". Ao pisar no Brasil, viu-se diagnosticada com hepatite. Aproveitei para lhe dar de presente o pôster que trouxera para ela de Siena, com a reprodução do afresco que retrata os efeitos do bom e do mau governo, de Ambrogio Lorenzetti. Foi a vingança do impermeável.

No começo de 1983, a Bia virou a cara quando tentei cumprimentá-la na PUC. Nunca entendi o motivo, embora certamente eu tenha lhe dado algum. Passei a ouvir falar dela por meio da moça que viria a namorar e que se tornaria a minha primeira mulher e mãe do meu filho mais velho, hoje com 5 anos a mais do que eu em 1983. A minha então namorada também estudava psicologia na PUC e tinha uma amizade em comum com a Bia: uma neta de Graciliano Ramos. São Paulo é um cubículo com uma sala enorme. Foi num aniversário da neta de Graciliano Ramos que revi a Bia, ela também em relacionamento estável. Não trocamos palavra. Um quarto de século mais tarde, topei com a minha ex-amiga na academia do clube. Eu não a cumprimentei nem ela me cumprimentou, embora tenha tido vontade de lhe perguntar o motivo pelo qual deixara de falar comigo.

De qualquer forma, a minha experiência com Paulo Freire deve-se à Bia. Havíamos entrado recentemente na universidade, nos entupiam o cérebro com "metodologia científica", eufemismo para marxismo no período da ditadura, e ela me convidou para ir a uma aula de alfabetização para adultos. Era um curso criado por "um pessoal". Naquele tempo, havia costumeiramente "um pessoal" por trás de tudo. Usavam uma sala da Faculdade de Administração Pública da Fundação Getúlio Vargas. "*O método é do Paulo Freire*", informou a Bia, com o seu tom *blasé* de atriz de Ingmar Bergman. Eu não fazia a mais remota ideia de quem fosse Paulo Freire – consegui essa façanha mesmo tendo estudado no Colégio Equipe –, mas aceitei o convite. Era a Bia, afinal de contas. Despenquei na Getúlio Vargas numa noite que vou descrever fria, porque em crônicas como esta as noites devem ser frias.

Uma dezena de trabalhadores com ar cansado, sentados nas carteiras destinadas à elite magnânima durante o dia, tentava ler a palavra "jangada" que havia sido escrita em cursivo bem desenhado com caneta Pilot na lousa branca, novidade tecnológica na época. Ao lado da palavra, o "pessoal" havia colocado um cartaz com uma foto da embarcação típica do Nordeste, região de onde provinha a maior parte dos alunos. O tema marítimo havia surgido de uma conversa com eles na aula anterior. Com base no que os alunos iam dizendo, outras palavras foram sendo desenhadas na lousa: "vela", "mar", "areia", "vento". Em seguida, tais palavras foram reunidas em frases básicas, do tipo "O vento bate na vela da jangada", algo nessa linha, sugeridas igualmente por eles. O meu papel, bem como o da Bia, era ajudá-los a reproduzir no caderno as frases escritas com caneta Pilot na lousa branca. *"Não é legal ver os alunos aprenderem a ler e escrever a partir de palavras do contexto em que eles nasceram? Isso ajuda a conscientizar sobre a situação em que estão hoje"*, soprou alguém.

Enquanto tentava auxiliar uma senhora, ela me disse que apenas gostaria de aprender a escrever o seu próprio nome, para não passar vergonha na hora de assinar documentos, e a ler os nomes dos ônibus que tinha de pegar, para não parar do outro lado da cidade. Essa senhora, infelizmente, nunca teria de ler a frase "O vento bate na vela da jangada", enquanto esperava a condução no ponto da avenida Nove de Julho, inóspita e horrenda, visível da janela da sala de aula. Angustiei-me. Por que obrigá-la a perder horas de sono, tentando imergi-la num universo do qual fora extraída fazia tempo e para o qual jamais voltaria? Conscientizar sobre o quê? Que revolução o "pessoal" pretendia fazer com aquela gente cansada depois de um dia pesado de batente?

Tentei facilitar a vida da senhora, explicando o que eram sílabas. Fui suavemente repreendido pela monitora chefe: o aprendizado das sílabas deveria vir depois, no momento de formar outras palavras, porque as sílabas eram "arbitrárias". Espantei-me. E as palavras que designam as coisas e os conceitos também não eram arbitrárias nas suas raízes etimológicas? Explicaram-me, então, que as sílabas ensinadas da maneira tradicional representavam a fragmentação idealizada para alienar os oprimidos. Essa fragmentação era a arma dos opressores. Os opressores da classe dominante que impingiam uma visão "bancária" da educação e simplesmente depositavam informações sobre alunos transformados em recebedores passivos do conhecimento – sem que eles participassem do processo de aprendizado, em "comunhão" com os educadores. Sílabas depois, portanto.

Alfabetizado pela *Caminho Suave*, eu jamais havia imaginado que a minha cartilha era invenção de opressores da classe dominante. No dia seguinte, li *Pedagogia do oprimido*, a suma teológica de Paulo Freire, na edição da Paz e Terra. Foram os quatro capítulos mais desérticos que atravessei. Se ainda sei diferenciar as coisas, trata-se de um amontoado de opiniões ideológicas lastreadas em quase nenhum fato. Anos mais tarde, já na *Veja*, escrevi uma pequena matéria sobre a história de que Paulo Freire, com o seu método, alfabetizara 380 adultos em Angicos, no Rio Grande do Norte, em apenas 40 horas de aula, em 1962, sob os auspícios do governo João Goulart. Há controvérsias. Parece que o feito é tão real como relatórios de produção de uma fábrica da União Soviética.

Ao fim e ao cabo, não acho que Paulo Freire seja o maior culpado da nossa miséria escolar. Ele é somente um dos culpados – inclusive ao inculcar a ideia de que se devem alfabetizar adultos em massa. Os militares fizeram uso dessa ideia e criaram o Mobral, que serviu apenas para alastrar o analfabetismo funcional. O negócio é alfabetizar crianças. Se vai começar pelas sílabas arbitrárias ou não, pouco importa. O essencial é que, ao final, não usem cê-cedilha em "opressor". A verdade é que nossas escolas sempre foram ruins, com as exceções de praxe. Elas demonstraram que era possível piorar quando passaram a ser centros de doutrinação. Mas há muitos doutrinadores ideológicos capazes de transmitir uma visão "bancária" do conhecimento aos alunos. Eles podem ser bons nisso.

A prova está num cruzamento dos resultados do Pisa encomendado pelo *Estadão*. Ele mostra que alunos de escolas caras de São Paulo tiveram desempenho superior aos estudantes da Finlândia, cujo sistema educacional é citado como modelo de eficiência. Essas escolas caras estão repletas de doutrinadores. Só que os doutrinadores dos opressores são melhor formados na visão "bancária" do conhecimento do que os doutrinadores dos oprimidos. Se os segundos fossem tão bons quanto os primeiros, o Brasil não estaria na rabeira do *ranking* do Pisa.

É a visão "bancária" garantida por um currículo oficial submetido à eterna vigilância da sociedade, e bem ensinado, mesmo que a contragosto, por professores de qualquer posição política, em escolas reformadas e limpas, que permitirá que os brasileiros aprendam a separar fato de opinião – e, desse modo, distinguir com mais clareza o que é conhecimento do que é ideologia. A maioria da molecada é mais esperta do que imaginam os guias dos povos, não é vaquinha de manobra. A doutrinação entra por um ouvido e sai pelo outro. Se assim não fosse, já seríamos uma Coreia do Norte tropical.

A Bia não vai ler este artigo, imagino, mas gostaria de agradecer a ela por aquela noite esclarecedora na Fundação Getúlio Vargas. E por me fornecer o *Zeitgeist* do início dos anos 1980.

06.12.2019

Sejamos lúcidos sobre o nazismo

O chanceler Ernesto Araújo insiste em dizer que o nazismo foi um movimento de esquerda – ou seja, o contrário do que pensam até mesmo os neonazistas. Ele afirmou em Jerusalém, durante a visita presidencial a Israel, que "a associação do nazismo com a direita foi usada para denegrir movimentos que são considerados de direita e que não têm nada a ver com o nazismo. Quero que as pessoas estudem, leiam a história de uma perspectiva mais profunda". Perguntado sobre a opinião de Ernesto Araújo, Jair Bolsonaro disse concordar com ele: "Não há dúvida, não é? Partido Socialista, como é que é? Da Alemanha. Partido Nacional Socialista da Alemanha."

Também concordo com Ernesto Araújo: é preciso ler a história de uma perspectiva mais profunda. Na história factual do nazismo, acho que não existe nada de mais profundo do que as 1249 páginas de *The Rise and Fall of the Third Reich*, do americano William L. Shirer. Já citei o livro aqui, para criticar aquela besteira chamada *Quando as democracias morrem*, dos igualmente americanos Steven Levitsky e Daniel Ziblatt, que foi usada pelo pessoal da esquerda para tentar deslegitimar Jair Bolsonaro durante a campanha. Tenho poucos portos seguros.

Shirer trabalhava como correspondente em Berlim da Universal News Service e da CBS, quando Hitler ascendeu ao poder. E voltou à Alemanha no momento da sua queda. Era jornalista, o que certamente causará muxoxos, e historiador de peso – o que produzirá mais muxoxos, uma vez que o estudo da história é outra área associada a esquerdismo. Sugiro que, antes de sentenciá-lo, o leiam. *The Rise and Fall of the Third Reich* não é um livro de ocasião, publicado logo depois da guerra. Foi lançado em 1960, porque demandou extensa pesquisa, para além do testemunho ocular do seu autor – um americano, diga-se ainda a favor de Shirer, daqueles de antigamente, muito benquisto no Departamento de Estado dos Estados Unidos.

Adolf Hitler permanecia militar, em setembro de 1919, quando recebeu a ordem do escritório político do Exército Alemão para espionar um grupelho autointitulado Partido dos Trabalhadores Alemão. Ao participar de uma reunião do grupelho, Hitler conheceu Anton Drexler. Um ano antes, conta Shirer, esse sujeito fundara um "Comitê de Trabalhadores Independentes", para combater o marxismo dos sindicatos e lutar por uma "paz justa" para a Alemanha – o Tratado de Versalhes havia imposto indenizações pesadas ao país derrotado na Primeira Guerra e imerso numa crise econômica que aumentaria exponencialmente na década seguinte. Esse comitê acabou resultando no tal PT alemão.

Drexler entregou-lhe um panfleto chamado "O Meu Despertar Político", fato relatado por Hitler em *Mein Kampf*. Conta Shirer que, para surpresa de Hitler, o panfleto continha muitas das ideias que ele próprio cultivava. O principal objetivo de Drexler era construir um partido baseado na massa de trabalhadores, mas que, ao contrário do Partido Social-Democrata, fosse fortemente nacionalista. Hitler acabou convidado a fazer parte do PT alemão, cujo ideário era um verdadeiro pastiche. Havia quem defendesse, por exemplo, que a Bavária se separasse da Alemanha e se fundisse com a Áustria – o que despertava a indignação de Hitler.

De espião do Exército, ele viria a se tornar dirigente do grupelho e, em abril de 1920, o PT da Alemanha se tornou o Partido Nacional Socialista dos Trabalhadores Alemães. O seu programa ideológico foi feito sob medida para atrair e cooptar assalariados e desempregados propensos a ouvir o canto da sereia dos comunistas. Shirer escreve que o item 11, por exemplo, propunha a abolição de ganhos que não fossem provenientes de trabalho; o item 12, a nacionalização de companhias monopolistas; o item 13, a divisão de lucros da grande indústria com o Estado; o item 14, a abolição do arrendamento de terras e da especulação com propriedades rurais. Esses pontos foram colocados no programa por insistência de Anton Drexler e Gottfried Feder, um engenheiro diletante em economia que dizia que o capital "especulativo", em oposição ao capital "criativo" e produtivo, era a causa dos problemas econômicos da Alemanha. Como diz Shirer, ao contrário de Hitler, ambos realmente pareciam acreditar que o "socialismo" do nacional-socialismo era para valer.

O economista e filósofo austríaco Ludwig von Mises, apóstolo do liberalismo econômico, viria a formular a ideia de que, embora o nazismo não tivesse se apropriado dos meios de produção, ele guardava semelhanças com o socialismo, porque era o governo alemão que exercia o poder de proprietário das empresas. Desse ponto de vista, Ernesto Araújo parece ter alguma razão. Mas os fatos descritos por Shirer – e por muitos outros historiadores – durante o período em que Hitler dominou a Alemanha mostram que os donos das empresas do país não perderam as suas posições de comando. Associaram-se ao líder nazista não só para ajudar a catapultá-lo, a fim de deter o avanço do comunismo entre mineiros e operários, como para cobrar a sua fatura anos mais tarde, usufruindo inclusive de mão de obra escrava, depois que Hitler pôs em marcha o seu maior programa: a subjugação e a exterminação dos judeus e demais minorias que maculariam os "arianos".

Quem fez a ponte entre os grandes industriais e banqueiros e os nazistas, em 1931, dois anos antes de Hitler chegar ao poder, foi Walther Funk, que viria a se tornar ministro da Economia e presidente do Banco do Reich. No julgamento de Nuremberg, Funk declarou:

Naquela época, a liderança do partido mantinha visões completamente contraditórias e confusas sobre política econômica. Tentei cumprir a minha missão (confiada por grandes industriais e banqueiros) de convencer o Fuehrer e o partido de que a iniciativa privada, a independência do homem de negócios, os poderes criativos da livre iniciativa etc. deveriam ser reconhecidos como a política econômica básica do partido. O Fuehrer pessoalmente ressaltou algumas vezes, durante conversas comigo e líderes industriais que lhe apresentei, que ele era inimigo da economia estatal e da chamada "economia planificada" e que considerava a livre iniciativa e competição absolutamente necessárias para que se pudesse obter a maior produção possível.

Com esse discurso, ele obteve financiamentos vultosos para o Partido Nacional-Socialista, enquanto deixava partidários como Joseph Goebbels, futuro ministro da Propaganda, encantar a massa de manobra com a conversa de que os nazistas eram realmente socialistas. Às vezes, as coisas fugiam de controle. Em 1930, quando o flerte com os grandes capitalistas começava, Hitler ficou horrorizado, escreve Shirer, com um projeto de lei nazista, apresentado ao Parlamento, que instituía o teto de 4% para a taxa de juros e a expropriação da fortuna dos "magnatas da banca e da Bolsa de Valores". Para ele, tratava-se não apenas de bolchevismo, como de suicídio financeiro do partido. Mandou retirar o projeto. Quando os comunistas reapresentaram a mesmíssima proposta, Hitler mandou que os nazistas votassem contra. No mesmo ano, nazistas que levaram a sério o "socialista" do nome do partido, como Otto Strasser, apoiaram greves comandadas por sindicatos socialistas e defenderam a estatização da indústria – heresias para Hitler, nas palavras de Shirer. O Fuehrer exigiu que parassem com a brincadeira e, ao ouvir a negativa, os expulsou. Hitler nunca duvidou de que o nazismo ocupava um lugar à direita no espectro político.

Com o poder nas mãos, a partir de 1933, ele lançou-se à caça de comunistas internos e externos, como já deixara claro que o faria em *Mein Kampf*. Caçar comunistas era também um dos esportes preferidos de Joseph Stalin, mas de comunistas que não eram comunistas como ele. No livro *The Bloodlands – Europe Between Hitler and Stalin*, Timothy Snyder, professor em Yale, relata a tragédia que, nos anos que precederam a Segunda Guerra e durante o conflito, abateu-se sobre a área que compreende Polônia, Lituânia, Ucrânia e Belarus, espremida entre os totalitarismos nazista e comunista. Ao longo de 12 anos, sob o jugo de uns e outros, 14 milhões de pessoas morreram executadas ou de fome. Num único dia do outono de 1941, Hitler conseguiu matar mais prisioneiros de guerra soviéticos do que prisioneiros britânicos e americanos durante toda a guerra. Stalin não foi menos medonho. Na Ucrânia, com terras coletivizadas e forçada a enviar a quase totalidade dos grãos colhidos para a Rússia, houve episódios de canibalismo. Dizia-se que "o socialismo é vitorioso e, por isso, há fome". As *Bloodlands* foram marcadas na carne pela ferradura cujos extremos eram nazismo e comunismo.

Voltando a Ernesto Araújo, eu diria que o nazismo foi um totalitarismo à direita, assim como o fascismo italiano, porque nele os capitalistas serviam-se do Estado e o Estado servia-se deles. Essa relação propiciou o reerguimento econômico da Alemanha de cima para baixo e serviu para forjar e manter em funcionamento uma espantosa e lucrativa máquina de destruição. Já o comunismo difere do nazismo porque elimina completamente as relações capitalistas, pelo menos as formais, e transforma o Estado em único patrão. E quanto à China atual?, poderia perguntar alguém. Na minha opinião, o "modelo chinês" é um totalitarismo que combina comunismo e fascismo: o patrão é o Estado e a iniciativa privada é uma espécie de franquia a apaniguados que se servem do Estado e servem ao Estado. É um modelo que só funciona para chineses.

O dado que realmente importa é que o autoritarismo e o seu corolário, o totalitarismo, são a essência da esquerda e a sua visão de que a classe operária representa o fim da história ou a grande finalidade de toda a trajetória humana. Marx não poderia ter sido mais evidente, ao adotar o termo "ditadura do proletariado". É por isso que os comunismos soviético, cubano e norte-coreano continuam a arrancar suspiros das tchutchucas do petismo e adjacências, enquanto elas juram amar a democracia. Já a essência da direita – ou do capitalismo – são as liberdades econômica, política e pessoal (nada a ver, portanto, com "regimes democráticos de força"), das quais o fim é somente o início das liberdades do outro, sob o império da meritocracia – que é, em si mesma, a finalidade que empurra as sociedades para a frente. O nazismo é uma aberração no capitalismo, porque capturou e deformou a sua essência, ao privilegiar as relações de mutualismo entre poder totalitário e patrões, eleger uma "raça" como protagonista exclusiva do progresso humano e levar a cabo o genocídio de etnias em nome dela. A "solução final" matou também a concorrência. Penso que encarar o nazismo dessa forma só torna mais lúcido quem está do lado certo – como você e eu, presumo.

05.04.2019

Os Sentinelas
da impunidade

Você deve ter lido a respeito. Em meados de novembro, o americano John Chau, de vinte e seis anos, foi morto pelos Sentinelas – um povo de, no máximo, 150 indivíduos que habitam uma ilhota no arquipélago de Andamão e Nicobar, no oceano Índico. Eu nunca tinha ouvido falar nos Sentinelas, mas, ao pesquisar na internet, constatei que volta e meia são assunto de sites e revistas de curiosidades. Os Sentinelas são bem mais do que uma curiosidade. Na verdade, são uma preciosidade. Trata-se de uma tribo que vive completamente isolada da civilização nesse minúsculo território que, apesar de pertencer oficialmente à Índia, é como se não fizesse parte do país. Os Sentinelas nunca se sujeitaram a conquistadores ou missionários (caso de John Chau). Também se recusam a fazer trocas comerciais com pescadores de ilhas próximas. Simplesmente matam quem ousa invadir a sua praia. Estacionaram no que se convencionava chamar de pré-história (aprendi que a história começava com a invenção da escrita, mas parece que não é mais assim). Há cerca de 50 mil anos os Sentinelas caçam e coletam para sobreviver na floresta que cobre a maior parte da sua ilhota. Não têm noção do que seja agricultura. E alguns estudiosos acreditam que eles ainda não descobriram sequer o fogo.

John Chau foi morto a flechadas, depois de ter sido levado à ilhota dos Sentinelas por pescadores que burlaram a regra que proíbe transportar gente até lá. Nesta semana, intensificou-se o debate sobre o resgate do corpo do missionário americano. Antropólogos afirmam que a tentativa seria extremamente perigosa tanto para os indianos eventualmente encarregados da tarefa como para os Sentinelas, que podem ser dizimados por doenças contra as quais não possuem anticorpos. Teme-se até que o coitado do John Chau, enterrado pelos algozes, tenha transmitido um vírus fatal aos Sentinelas. Se isso ocorreu, o americano que queria levar Jesus ao coração dos nativos os levará à morte ao lhes infectar os pulmões.

Isso ocorreu entre índios no Brasil e alhures. A gripe foi uma das doenças que devastaram tribos inteiras. Alguém dirá que a história dos Sentinelas não é original. Ainda há índios brasileiros que recusam qualquer comunicação com antropólogos ou missionários. É verdade. Mas, sem desvalorizar o produto nacional, nenhum descende diretamente dos primeiros seres humanos que deixaram a África para espalhar-se pelo planeta. Os Sentinelas, sim.

E, por mais que esses índios vivam afastados, sabe-se que eles guardam ligações culturais com outros assimilados ou contatados. Os Sentinelas, não. O que existem são suposições. Ninguém sabe exatamente como é a sua língua, por exemplo. E, ao que parece, a sua genética é diferente da dos povos das ilhas vizinhas.

Os Sentinelas são uma janela fechada para o passado da espécie humana. Se fosse possível entreabri-la à socapa e fazer um *Big Brother*, verificaríamos se as teses sobre os hábitos e a organização social dos nossos ancestrais batem com a realidade. Decifraríamos a sua língua e descobriríamos a gênese dos nossos sentimentos e códigos morais. Os Sentinelas, no entanto, fazem jus ao nome que lhes demos e guardam belicosamente as nossas próprias origens.

O fato de habitarem uma ilhota perdida no oceano Índico confere aos Sentinelas um caráter especial. Ilhas sempre foram ótimos cenários de livros e filmes e continuam a ser metáforas eficientes, como se pode constatar pelo nome e *slogan* desta *Crusoé*. São um símbolo milenar. No magnífico *Dictionnaire des Symboles*, de Jean Chevalier e Alain Gheerbrant, somos informados de que "*a busca da ilha deserta, ou da ilha desconhecida, ou da ilha rica em surpresas, é um dos temas fundamentais da literatura, dos sonhos, dos desejos*". E os autores se perguntam: "*A conquista dos planetas não evidencia também a busca da ilha?*" O poeta inglês John Donne transpôs séculos e continentes com um verso que contrasta com essa procura e virou máxima de folhinhas: "*Nenhum homem é uma ilha isolada.*" Donne foi desmentido pelos Sentinelas, de certa forma.

Na trilha mais rasteira da simbologia, não existe sinal de fortuna mais eloquente do que dispor de uma ilha paradisíaca exclusiva, como prova o bilionário Richard Branson, fundador da Virgin. Ele é dono de uma no Caribe e, de vez em quando, a aluga para temporadas de outros abastados. Lembro que, muitos anos atrás, Roberto Civita alugou a ilha de Branson, para levar a família de férias. Numa conferência telefônica comigo feita de lá, para resolver uma pauta da *Veja*, ele me disse simpaticamente que estava passando férias num lugar maravilhoso que eu jamais teria oportunidade de conhecer. Ri. Acho divertido quando alguém tenta me humilhar – ou impressionar – exibindo riqueza.

Só não acho divertido quando o dinheiro é meu. É recorrente comparar Brasília a uma ilha da fantasia cercada de dinheiro público de todos os lados. Na ilha da fantasia brasiliense, há Sentinelas da impunidade. Calculo que, assim como na tribo do oceano Índico, sejam apenas 150 indivíduos, espalhados nos Três Poderes, embora milhares se locupletem graças a eles. Neste momento, atiram flechas em quem tenta entrar na ilha da fantasia que emergiu de um fundo de lama.

Os Sentinelas da impunidade são uma janela aberta para um passado nacional que se recusa a passar. Um passado movido a cobiça, compadrio e corrupção. Ao contrário do que ocorre com os Sentinelas que mataram John Chau, eles não podem ser preservados de jeito nenhum. Temos que invadir a sua ilha da fantasia, desarmá-los e infectá-los com vírus previstos no código penal, sem anticorpos da jurisprudência de ocasião. É preciso extingui-los para que tenhamos um presente e um futuro civilizados.

30.11.2018

Ensine o seu filho a mentir na escola

Ensine o seu filho a mentir. Não é bonito, mas fazer o quê? Questão de sobrevivência acadêmica. Se as crianças não mentem, não passam de ano. É preciso que elas mintam nas provas e trabalhos escolares que a escravidão foi invenção dos brancos colonialistas. Que a reprise da ditadura do proletariado é o fim da história (e como ditabranda, já que os proletários serão nutellas). Que as desigualdades entre os países são culpa de um troço chamado "neoliberalismo", a mais nova perversão do capitalismo. Que há mais a compreender sobre o Brasil na literatura angolana do que nos velhos autores nacionais, como Monteiro Lobato. Aliás, por falar em cultura, recomende a seu filho antecipar-se ao professor e mentir que Lobato era um reacionário nojento, cujas obras merecem o ostracismo. Conta pontos também dizer que, como tudo é relativo no plano cultural, bater tambor é tão difícil quanto tocar violino. E, a julgar pela última prova do Enem, rende boas notas afirmar que o jargão de travestis constitui um "dialeto secreto da perspectiva do usuário". Nada contra travestis, mas deram uma baita siliconada na definição de dialeto.

Ao fim e ao cabo, a despeito dos esforços parentais, será uma sorte se o seu filho aprender a separar o que é real do que é irreal em aulas pelas quais você paga indireta ou diretamente, via impostos ou boleto. Quando assisto à moçada gritando palavras de ordem nas madraças universitárias, fico com o coração apertado pela quantidade de talentos desperdiçados. Guilherme Boulos é um exemplo de desperdício. O rapaz é articulado, poderia ser um ótimo empresário, criar empregos, riqueza, mas fará besteira até o final da vida porque acreditou em tudo o que lhe disseram nos bancos escolares. Restou-lhe imitar Lula, coitado.

Na década de 1970, a doutrinação no ensino médio era mais simpática do que hoje. No Colégio Equipe, *bunker* da esquerda onde estudei juntamente com Diogo Mainardi, permitia-se fazer gozação dos professores comunistas (todos). A *gauche* libertária era boazinha. O Diogo, eu e mais quatro amigos criamos um jornalzinho intitulado *Corriere del PC*, de periodicidade indefinida. O PC, no caso, não era de "Partido Comunista", mas de "porcos chauvinistas". Os blogs sujos têm, portanto, licença para alardear que, aos quinze, dezesseis anos, já éramos jornalistas de extrema-direita. O *Corriere del PC*, uma folha de caderno que passava de mão em mão pela classe, trazia conteúdo editorial nada variado: avaliações dos atributos das meninas, piadas repetidas sobre os professores de história e sempre a mesma foto três por quatro de um dos nossos colaboradores, com a legenda "Procura-se estuprador de galinhas". Outro dia, encontrei casualmente um ex-colega de classe do Equipe. Ele se lembrou do *Corriere del PC* e declarou-se leitor de *O Antagonista*. "*Não posso dizer lá em casa*", disse. Fiquei enternecido. Respondi que até eu às vezes lia *O Antagonista* escondido.

A barra pesou foi na universidade. No primeiro ano da PUC de São Paulo, você era obrigado a engolir marxismo sob os nomes de "Metodologia Científica" e "Problemas Filosóficos e Teológicos do Homem Contemporâneo". A universidade fingia que não doutrinava e o regime militar fingia que não havia doutrinação. Ai de você se ousasse discordar científica, filosófica e teologicamente falando como homem contemporâneo. Na verdade, não havia discordância porque quase ninguém entendia bulhufas do que lhe estava sendo ministrado em doses cavalares. O analfabetismo funcional é, não raro, uma bênção. A minha experiência de Equipe ajudou. Eu me divertia caprichando na dialética em provas e discussões. Fui tão convincente que me sondaram sutilmente para entrar numa organização. A moça era descendente de suíços e pertencia à Convergência Socialista. Pus tudo a perder quando um pessoal do PCdoB entrou na classe para dar "informes". Não resisti e perguntei quantas ovelhas haviam sido socializadas entre o valoroso proletariado da então comunista Albânia. (No tempo de Manuela D'Ávila bebê, o PCdoB era vidrado no Enver Hoxha e a Paris deles era Tirana.) Tive de sair escoltado – os caras queriam me pegar lá fora. A moça descendente de suíços passou a me evitar, o que foi pena. Fiz apenas uma piada, mas dava para entender os ânimos exacerbados. Na PUC de São Paulo, a rapaziada de direita lançava mão da metodologia científica de explodir bancas de jornal que vendiam publicações de esquerda. Carlos Bolsonaro, aquele que usa boné com estampa de camuflagem, é um social-democrata perto dessa gente.

Hoje a esquerda não dá espaço para dissenso ou gozação nem no maternal. Combinou-se à Guarda Revolucionária do politicamente correto no banheiro misto da ideologia. E a coisa tende a piorar bastante depois que o PT foi saído do poder. Já que falei em banheiro e sou de extrema-direita, vou partir para uma comparação extrema: querem fazer com os cérebros em formação o que se fazia com os intestinos infantis na Alemanha Oriental. Lá, as criancinhas não eram comidas, mas condicionadas a ir ao banheiro na mesma hora, para poupar trabalho às tias da creche. Trata-se de condicionar cérebros para que não se deem ao trabalho de pensar. O mais perverso é que a doutrinação é apresentada como "estímulo ao pensamento crítico". O seu exato oposto.

Sim, Gramsci, hegemonia etc. Estudei no Equipe e na PUC, não se esqueça disso.

Iniciativas como o Projeto Escola sem Partido, em relação ao qual nutro desconfianças, procuram dar freio à doutrinação de esquerda, o presidente eleito diz que vai dar um jeito nisso aí, tem gente pedindo a alunos que dedurem ideólogos, mas sinceramente não creio que sejam caminhos (a ideologização só trocaria de lado) ou que haja solução. Como disse, tende até a piorar. Daqui a dez anos, a meninada vai aprender no colegial que Dilma Rousseff foi apeada por um golpe e Lula preso pelas elites que odeiam pobres. Os sindicatos de professores, inteiramente aparelhados, mandam e desmandam nas escolas e universidades públicas ou privadas. E são apoiados pelos sindicalistas de toga. Talvez alguma providência efetiva seja tomada no caso de malucos começarem a ensinar nazismo como se fosse o regime ideal para a humanidade. "Um professor poderia defender os ideais nazistas em sala?", indagou-se o juiz Jean Vilbert, em artigo para o JOTA sobre as tensões ideológicas que se acumulam nas instituições de ensino entre professores e pais, alunos e professores e alunos e alunos. Pois é, se autonomia didática, liberdade de opinião, expressão e debate servem a prosélitos de Lênin, Trotsky e Stalin, por que não poderiam servir a prosélitos de Hitler, Goebbels e Goering? Ah, são coisas diferentes. Ah, não são, não. Ambos os totalitarismos foram triturados no lixo da história, depois de deixarem um rastro de destruição e dezenas de milhões de mortos. Só que um deles continua a assombrar neste cemitério das ideias erradas que é a América Latina.

Ensine os seus filhos a mentir na escola. A molecada precisa passar de ano.

COMENTÁRIO: o Projeto Escola sem Partido revelou-se o embrião de madraças direitistas, como eu desconfiava.

09.11.2018

Sou uma lagosta

O STF, aquele tribunal que resolveu censurar o milenar, saudável e democrático hábito de se falar mal do chefe, só contrata bufê que serve lagosta. Não gosto de comer lagosta, assim como não gosto de beber champanhe. Sou mais chegado a *moules et frites* (come-se com as mãos), acompanhado de cerveja ou vinho branco decente (são poucos). Mas li em *12 Regras para a Vida — Um antídoto para o caos*, do psicólogo canadense Jordan Peterson, que devo inspirar-me nas lagostas vitoriosas, "*com seus 350 milhões de anos de sabedoria prática*", para levantar a cabeça, manter as costas eretas e ombros para trás.

Longe de mim querer ridicularizar Peterson, um homem corajoso que resolveu peitar as idiotices politicamente corretas e, com isso, atraiu o ódio e a intolerância da esquerda universitária. Comparado ao dele, o meu QI é de ostra. Estou realmente fascinado com o exemplo das lagostas. Um crustáceo desses é capaz de calcular a chance de vencer ou não uma luta com um semelhante, lançando sobre o rival uma substância que contém informações sobre o seu tamanho, sexo, saúde e humor e recebendo igualmente um banho de dados do outro lado. Antes disso, a lagosta "*começará a dançar como um boxeador, abrindo e fechando suas pinças abertas, movendo-se para trás, para a frente e para os lados, imitando seu oponente*". Substâncias lançadas uma contra a outra, cada lagosta avalia se parte para cima da desafiante ou cai fora da briga. Quando o combate ocorre, o resultado para a perdedora pode ser a morte literal, com um pedaço do seu corpo sendo arrancado pela vencedora, ou uma espécie de morte psíquica. Diz Peterson: "*Se uma lagosta dominante for seriamente derrotada, seu cérebro praticamente se desconstrói. Então, um novo cérebro, de subordinado, surge – um mais apropriado para sua nova posição, inferior.*"

A nossa neuroquímica básica é a mesma de uma lagosta. De acordo com Peterson, "*aquelas em posições inferiores produzem níveis baixos de serotonina. Isso também é válido para seres humanos em posições inferiores (e esses níveis baixos caem mais a cada derrota)*". O contrário ocorre com as lagostas dominantes. Evidentemente, no caso dos seres humanos, não se trata de colocar antidepressivos na água dos reservatórios, para elevar os níveis de serotonina no cérebro de todo mundo, numa espécie de distribuição socialista do neurotransmissor da satisfação pessoal. Mas, como já dito, de levantar a cabeça e manter as costas e ombros para trás, pois adotar uma postura mais altiva "*não é algo somente físico pois você não é apenas um corpo. Por assim dizer, você também é um espírito – uma psique. Levantar a cabeça fisicamente também significa, evoca e demanda erguê-la metafisicamente*". (Vou usar esse argumento para tentar convencer o meu filho adolescente a sentar-se direito.)

Em resumo, com a atitude de uma lagosta dominante, você poderá até ser uma lagosta perdedora, mas aceitará "*o fardo da terrível responsabilidade da vida com os olhos bem abertos*" e "*o fim do paraíso inconsciente da infância, em que a finitude e a mortalidade são apenas vagamente compreendidas*", diz Peterson. Trata-se de encorajar "*a serotonina a fluir plenamente através dos caminhos neurais, sedentos por sua influência calmante*". Arthur Schopenhauer assinaria embaixo, creio eu, embora não tivesse conhecimento da química cerebral. Em *A arte de ser feliz*, que conta com 50 regras para a vida, bem mais concisas do que as 12 do psicólogo canadense, o filósofo alemão recomenda evitar a inveja. Para colocar nos termos de Peterson, uma lagosta perdedora jamais será feliz se invejar uma lagosta dominante. Inveja provavelmente impede a serotonina de fluir livremente pelos caminhos neurais. Reconhecer e aceitar os seus próprios limites, portanto, são essenciais. Como diz Schopenhauer, você não deve apenas saber o que quer, mas saber o que pode fazer. Seja a lagosta possível.

Na gradação das lagostas, acho que sou um crustáceo relativamente atrevido. Procuro manter a cabeça alta e as costas e ombros para trás – e, assim, enfrentar outras lagostas que vivem lançando o seu líquido informativo sobre mim, a fim de mostrar que são maiores e mais fortes do que eu. Não sei até quando manterei os meus níveis de serotonina suficientemente adequados, depois de aceitar o fardo da terrível responsabilidade da vida e não fugir da briga, como faria um crustáceo ajuizado. Tenho a impressão de que, como lagosta, encontrarei a minha finitude e a minha mortalidade dentro de uma panela. Se esse for meu destino, espero estar vencido o suficiente para causar uma tremenda infecção alimentar nos poderosos que me almoçarem a custo de dinheiro público. Se não posso falar mal do chefe, que ao menos eu faça mal ao seu estômago.

10.05.2019

Van Gogh interrompido

Eu planejava escrever apenas sobre Vincent van Gogh, o pintor holandês cuja morte fez 130 anos no último dia 29. Ele morreu com uma bala no peito, na francesa Auvers-sur-Oise, que atraía muitos pintores por causa das cores dos seus campos de trigo e vegetação natural. No dia 27 de julho de 1890, dois dias antes da sua morte, Van Gogh chegou ao hotel onde morava com a noite já caída, bem mais tarde do que o habitual, e subiu para o seu quarto no primeiro andar, sem dar palavra. O proprietário do hotel, o senhor Ravoux, estranhou e foi até o quarto do pintor. Encontrou-o deitado em posição fetal. "*O senhor está doente?*", perguntou-lhe Ravoux. "*Eu queria me matar*", respondeu Van Gogh, levantando a camisa e mostrando o buraco de uma bala no seu peito. Na versão de Adeline, filha de Ravoux (retratada de perfil, em azul sobre azul, em junho de 1890, tela pertencente a uma coleção privada suíça), a cena é mais dramática: o pintor entra no hotel com as mãos sobre o estômago, dizendo a todos que havia tentado se matar. Gosto mais da outra versão.

Correram a chamar o doutor Gachet, personagem que rendeu dois magníficos óleos de Van Gogh, um deles exposto no Museu D'Orsay, em Paris, no qual predomina o azul (o segundo retrato, em que reina o preto, foi comprado por um particular por mais de 82 milhões de dólares). O médico o auscultou (provavelmente com expressão mais próxima do retrato em fundo azul) e disse que faria de tudo para salvá-lo, embora já soubesse que não havia nada a fazer. A morte era só questão curta de tempo. No dia seguinte, policiais foram ao hotel para tomar o depoimento do pintor. Um deles disse a Van Gogh que suicídio era ilegal. O moribundo retrucou: *"Guarda, meu corpo me pertence e sou livre para fazer dele o que quiser. Não acusem ninguém, fui eu quem quis me matar."* Não há registro do depoimento e jamais encontraram a arma.

Apesar de a vida de Van Gogh ter sido marcada por surtos de depressão e insanidade, inclusive com a automutilação da sua orelha esquerda (dois autorretratos), numa briga com o amigo Paul Gauguin, além da internação em hospício, as circunstâncias do suicídio do pintor pareceram estranhas aos que o conheciam, e assim permanecem aos pósteros. Quarenta anos depois da sua morte, surgiram rumores de que Van Gogh levara o tiro fatal por acidente: dois jovens parisienses, Gaston e René

Secrétan, em férias em Auvers-sur-Oise, divertiam-se com um revólver no campo onde o pintor trabalhava, quando um deles, sem querer, teria disparado um tiro com a arma usada para matar passarinhos. O passarinho acabou sendo Van Gogh, que costumava conversar com ambos e até chegara a pagar uma rodada de cerveja a Gaston. Numa entrevista a um historiador americano, John Rewald, ambos os irmãos negaram a hipótese de homicídio culposo: havia sido um acidente protagonizado pelo próprio pintor. Mas a morte de Van Gogh ainda causa controvérsia.

O retrospecto biográfico é para emoldurar devidamente um achado surpreendente noticiado pelo jornal *Le Monde*. Ao catalogar cartões-postais antigos das regiões nas quais Van Gogh havia vivido, Wouter van der Veen, estudioso da obra do pintor, deteve-se sobre o que trazia uma foto de Auvers-sur-Oise, datado da primeira década do século XX. A imagem mostra um caminho que leva aos campos de trigo pintados por Van Gogh. Debruçada sobre o caminho, há uma árvore cujas raízes estendem-se pelo terreno erodido. Van der Veen suspeitou que ali estava a realidade do tema da última e inacabada pintura de Van Gogh: *Raízes de árvores*.

Entusiasmado, o estudioso, que mora em Estrasburgo, entrou imediatamente em contato com o Museu Van Gogh, em Amsterdã, que abriga a tela no seu acervo. Especialistas do museu certificaram-se de que a árvore ainda existia, pediram fotos dela hoje, mediram ângulos e proporções da imagem antiga e das atuais, confrontaram-nas com a pintura e, nesse exame minucioso, chegaram a consultar um dendrólogo (botânico especializado em vegetais lenhosos), que lhes disse como as raízes daquele espécie de árvore se desenvolviam ao longo do tempo. Medições e comparações feitas, concluiu-se depois de cinco semanas que a árvore que Van Gogh deixara incompleta na tela era a mesma da foto que chamou a atenção de Van der Veen. A ilustre habitante de Auvers-sur-Oise foi protegida por um tapume-moldura, para ser admirada, ela própria, como se fosse um quadro. Virou patrimônio artístico.

Van der Veen não tem dúvida de que, no dia em que morreu, Van Gogh enveredou pelo caminho estampado no cartão-postal. Naquele 27 de julho de 1890, um domingo muito quente, Van Gogh teria montado o seu cavalete próximo da árvore, a 150 metros do hotel em que morava, antes de chegar ao campo onde o tiro foi disparado. Ela já o intrigava como tema havia bom tempo. Numa carta endereçada a seu irmão, Theo, em maio de 1882, ele desenhou um croqui das raízes da árvore e escreveu sobre o seu tema: "*Há algo (nela) da luta pela vida. O fato de se enraizar apaixonada e convulsivamente de alguma forma na terra, mas sendo meio arrancada pelas tempestades.*" Belo.

O achado de Van der Veen empresta um significado extra a *Raízes de árvores,* considerada precursora da arte abstrata. "*É uma mensagem de adeus*", diz ele. E mensagem de aspecto universal, porque a vida, ela própria, deixa raízes e é sempre inacabada, acrescento.

Adeus, Van Gogh

Como disse, eu planejava escrever apenas sobre o pintor, mas fui bruscamente interrompido por Dias Toffoli. É a história da minha (nossa) vida brasileira: antes de inacabar qualquer coisa, sou (somos) sempre interrompido(s) em atividades mais frutíferas, elevadas e interessantes. As interrupções constantes impostas pela realidade do país são também uma forma de censura.

Dias Toffoli. Das manobras que vêm sendo feitas para exterminar não apenas a Lava Jato, mas a possibilidade de que possam surgir homens públicos honrados em quantidade suficiente para mudar o país, entra como cereja do bolo a sugestão do presidente do Supremo Tribunal Federal de que ex-juízes e procuradores sejam obrigados a fazer quarentena de oito anos antes de candidatar-se a cargos políticos. Oito longos anos. Como diz um amigo meu, é impor a pena ateniense do ostracismo a magistrados e integrantes do Ministério Público. Cassação de direitos pura e simples. Acho Toffoli um sujeito formidável – eu, que já admirava a sua cultura e elegância, passei a admirar também a sua sutileza.

Ao justificar a proposta, ele disse que era preciso evitar a *"utilização da magistratura e do poder imparcial do juiz para fazer demagogia, aparecer para a opinião pública e se fazer candidato"*.

E mais:

> *Quem quer ser candidato, seja como magistrado, seja como membro do Ministério Público, tem que deixar a magistratura, tem que deixar o Ministério Público, e tem que haver um período de inelegibilidade, sim (...). Eu já disse isso várias vezes a senadores da República, não só nessa legislatura como em legislaturas anteriores.*

E ainda:

> *A imprensa começa a incensar determinado magistrado e ele já se vê candidato a presidente da República, sem nem conhecer o Brasil, sem nem conhecer o seu estado, sem ter ideia do que é a vida pública.*

E por fim:

> *Quer ir para a política, pode ir, pode ir. Sai da magistratura, e tenha um período de inelegibilidade. E eu volto a pedir ao Congresso Nacional que estabeleça prazos de inelegibilidade para membros da magistratura e do Ministério Público deixarem suas carreiras. Para que não*

possam magistrados e membros do Ministério Público fazer dos seus cargos e das suas altas e nobres funções meios de proselitismo e demagogia.

Como também posso ser sutil, sugiro que advogados de partidos políticos tenham de fazer quarentena de vinte anos, pelo menos, antes de serem indicados para o Supremo Tribunal Federal. E com efeito retroativo, se já tiverem sido empossados.

Vou tentar não cortar uma das minhas orelhas.

31.07.2020

O massacre em Suzano

Ao assistir às imagens do massacre perpetrado na escola em Suzano, pensei na banalidade do mal – a expressão utilizada por Hannah Arendt no seu livro sobre o julgamento do nazista Adolf Eichmann, em Jerusalém. "*Ele resumia as lições que o longo curso da maldade humana havia nos ensinado – a lição da terrível banalidade do mal, que desafia a palavra e o pensamento*", escreveu a filósofa alemã, que cobriu o julgamento para a revista *The New Yorker*. Eichmann disse que cumpria ordens e obedecia à lei na Alemanha de Hitler. "*Ele simplesmente nunca percebeu o que estava fazendo*", diz Hannah Arendt.

A banalidade do mal – e vou esgrimir o conceito com uma liberdade que a sua criadora talvez desaprovasse – é tão desafiadora para a palavra e o pensamento que se tenta encontrar uma explicação lógica para ocorrências macabras como a da escola em Suzano: foi o *bullying*, foi a facilidade de se comprar armas, foi a falta de vigias e professores armados, foi o excesso de violência nos jogos de videogame...

Não, senhores, a causa profunda não está em nada disso. O massacre foi mais uma demonstração paroxística da banalidade do mal. Ele habita as nossas vísceras, está sempre à espreita para manifestar-se em diferentes graus, dentro ou fora da lei. Os homens não nascem bons e sim maus. Somos a única espécie essencialmente má deste planeta ou, quem sabe, do universo. Muitas vezes simplesmente não percebemos o que estamos fazendo, assim como Eichmann, porque o mal nos é inerente. Acho até que os jogos de videogame violentos podem ser uma sublimação lúdica para esse aspecto intrínseco ao ser humano.

O esforço civilizatório é para conter a banalidade do mal e introjetarmos o seu antípoda – a banalidade do bem. A primeira nos é natural; a segunda nos é cultural. Ou seja, precisa ser ensinada e cultivada. O "livrai-nos do Mal" do Pai Nosso é um apelo para que Ele nos livre do mal que existe em nós mesmos – e que, não raro, mostra a sua face medonha em monstros como os autores do massacre em Suzano. Monstros são tão mais assustadores porque nos revelam as tentações dos nossos mais perigosos demônios interiores. "E não nos deixeis cair em tentação." Os santos são aqueles que conseguiram ser tão banalmente bons que essa qualidade lhes parece essencial. Tal é o seu maior milagre. Fôssemos naturalmente bons, santos não seriam venerados como exemplos a seguir.

A religião, os tabus tribais e a teoria política são freios à nossa maldade autoaniquiladora, como regra geral.

Niccolò Machiavelli, o florentino cujo sobrenome daria origem ao termo "maquiavelismo", para designar a negação de leis morais (uma falsificação, visto que Machiavelli era um moralista tão extremado que via a utilidade de meios não morais para atingir fins moralíssimos), escreveu nos *Discursos sobre a Primeira Década de Tito Lívio*, que "é necessário para quem estabelece um Estado e adota leis pressupor que todos os homens são maus e que eles sempre agirão com a maldade dos seus espíritos sempre que tiverem liberdade de ação". Os brasileiros constatam cruamente a verdade de Machiavelli no seu cotidiano.

Todo o empenho civilizatório, no entanto, é abalado, mesmo que fugazmente, quando a banalidade do mal emerge como ocorreu em Suzano. O substantivo mais utilizado para descrever o vídeo da câmera de vigilância da escola, que flagrou os assassinos em ação, foi "horror". E ele, o substantivo, remete a um autor que enfrentou o desafio de descrever em palavras e pensamentos a banalidade do mal: Joseph Conrad, polonês naturalizado inglês, autor de *Coração das trevas*, que serviu de base para o filme *Apocalypse Now*, do diretor americano Francis Ford Coppola. O diretor transportou o Congo do século XIX, cenário do romance de Conrad, para o Vietnã conflagrado da década de 1960. Leia o livro, veja o filme.

Conrad tinha uma ambição explicada por ele próprio: "A tarefa que tento cumprir é, pelo poder da palavra escrita, fazer você ouvir, fazer você sentir – é, acima de tudo, fazer você ver." Em *Coração das trevas*, ele nos leva ao interior da África colonial, por meio do capitão Marlow, para nos fazer ouvir, sentir e ver o horror produzido por Kurtz, um traficante de marfim europeu que edificara o seu próprio inferno, passando a ser tratado como semideus por nativos. No inferno de Kurtz, a banalidade do mal era a condição permanente.

O momento que antecede a morte de Kurtz é assim relatado por Marlow, que o resgatara:

Jamais havia visto algo de comparável à mudança que houve nas suas feições, e espero nunca ver de novo coisa semelhante. Oh, eu não estava tocado. Eu estava fascinado. Foi como se um véu tivesse sido rasgado. Vi na sua face de marfim a expressão de orgulho sombrio, de poder implacável, de terror covarde – o desespero intenso e absoluto. Ele revivia a sua vida em todos os detalhes de desejo, tentação e entrega durante aquele supremo momento de completo conhecimento? Ele lamentou-se em um murmúrio diante de alguma imagem, de alguma visão – ele lamentou-se duas vezes, em uma exclamação que não era mais do que um sopro:

'O horror! o horror!'

A banalidade do mal foi a última imagem, a última visão das vítimas do massacre da escola em Suzano. Não era literatura.

15.03.2019

Gramsci e os policiais

Há uma velha piada italiana sobre o motivo que levava os policiais (*carabinieri*) a andar em trio:

> *"Você sabe por que os* carabinieri *estão sempre em três?", perguntava o gaiato.*
>
> *"Não", respondia o interlocutor.*
>
> *"Porque o primeiro sabe ler, mas não sabe escrever, e o segundo sabe escrever, mas não sabe ler", devolvia o piadista.*

Diante do silêncio que se seguia, o outro perguntava:

> *"E o terceiro?"*
>
> *"O terceiro é para controlar esses perigosos intelectuais", concluía o gaiato.*

Eu ainda rio quando conto essa piada. À medida que

os anos passam, no entanto, ela fica mais difícil de ser entendida, porque intelectuais são uma espécie em extinção ou quem sabe já extinta, ao passo que parece aumentar o número daqueles que sabem ler, mas não escrever, bem como dos que conseguem até escrever, sem conseguir ler. Agora os *carabinieri* andam em dois.

Os intelectuais são aqueles sujeitos que, por meio de muita leitura e discussão, tentam emprestar algum nexo causal entre os diversos aspectos da realidade, que vão do cultural ao sociopolítico. Eu os acho sempre interessantes, mesmo quando discordo deles. Escassos, foram substituídos por autores de teses universitárias bem específicas, fechadas em si mesmas e quase sempre desinteressantes. Os intelectuais, principalmente os perigosos, só sobrevivem como sombras entre ideólogos de esquerda e direita que gostariam de controlar quem sabe escrever, mas não sabe ler, e quem sabe ler, mas não escrever.

De uns tempos para cá, um dos intelectuais perigosos mais citados no Brasil é o italiano Antonio Gramsci. Os fascistas colocaram-no na cadeia em 1926, dois anos depois o condenaram a duas décadas de prisão, e ele morreu de tuberculose em 1937, antes de completar a pena. Gramsci é classificado como perigoso porque seria o formulador do marxismo cultural – que, segundo os nossos ideólogos da direita, impregna as nossas escolas e a nossa arte. Li um pouco de Gramsci, e desculpe se hoje isso é considerado um crime. Pelo que entendi, Gramsci preconizava que, para mudar o sistema na direção da "filosofia da práxis", como ele chamava o marxismo, era necessário que houvesse intelectuais orgânicos – nada a ver com comer alfaces ou morangos sem defensivos agrícolas. A organicidade, nesse caso, era tornar-se um agente político ativo mesmo depois da chegada da classe operária ao poder (como soa antigo...), para que Estado e sociedade fossem transformados não apenas por meio das relações econômicas, mas pela hegemonia cultural – e os intelectuais orgânicos, obviamente, seriam fundamentais nessa tarefa. Desse ponto de vista, penso, a formulação de Gramsci valeria igualmente para a direita. O capitalismo também precisa de hegemonia cultural, apesar da sua inegável superioridade sobre qualquer outro sistema já tentado na história (quando se fala em Gramsci, nunca é supérfluo dizer de que lado você está). É tão superior que os seus intelectuais orgânicos são Nicolás Maduro, Raúl Castro e Kim Jong-un.

Uma das imagens de Gramsci é divertida, deixando-se de lado a falsidade da premissa. Ele dizia que todos os homens são intelectuais, mas não todos têm a função de intelectuais, porque fritar dois ovos ou costurar um rasgo no paletó em algum momento da vida não faz de alguém um cozinheiro ou um alfaiate. Poderíamos completar igualmente que ter trabalhado num torno mecânico dezenas de anos atrás não faz de alguém um eterno proletário. Ainda que, para Gramsci, o Partido

Comunista devesse ser a encarnação de um moderno príncipe à la Machiavelli, não o vejo fazendo apologia da censura ou da doutrinação pedestre a que se assiste desde há muito no Brasil. Hegemonia não implica aniquilação e sim preponderância. Acredito que Gramsci era um humanista na melhor tradição italiana, ainda que com o sentido errado da história. O seu marxismo era mais um idealismo, coitado. Foi, aliás, muito conveniente tanto para Mussolini quanto para Stalin que ele permanecesse – e morresse – na prisão, visto que não acreditava em repetições da revolução bolchevique. Gramsci era refinado demais para cultuar personalidades, e dificilmente acharia o condenado corrupto e lavador de dinheiro um guia dos povos. Pelo menos é o que suponho. Ler de verdade Dante Alighieri, Petrarca, Machiavelli, Leopardi, Manzoni, Pirandello e Croce deveria acarretar alguma imunização, mesmo quando se é marxista.

Gramsci tinha o dom da autoironia, o que não é pouco para um idealista, tenha ele as ideias certas ou equivocadas. Numa das suas cartas, escreveu, em tradução livre:

Em Palermo, durante uma espera para a inspeção das bagagens, encontrei em um depósito um grupo de operários de Turim que iam para a prisão; juntamente com eles havia um tipo formidável de anarquista ultraindividualista, conhecido como Único, que se recusava a fornecer a qualquer um, especialmente à polícia e autoridades em geral, os seus dados: "sou o Único e basta", eis a sua resposta. Em meio à multidão, o Único reconheceu entre os criminosos comuns (mafiosos) um outro tipo, siciliano (o Único devia ser napolitano ou de mais embaixo), preso por vários motivos, entre políticos e comuns, e passou às apresentações. Apresentou-me: o outro me olhou longamente, depois perguntou: "Gramsci, Antonio?". "Sim! Antonio!", respondi, "Não pode ser", replicou, "porque Antonio Gramsci deve ser um gigante e não um homem tão pequeno". Não disse mais nada, e se recolheu num canto, sentou-se e permaneceu, como Mario nas ruínas de Cartago, meditando sobre as próprias ilusões perdidas.

Ninguém mais lê o baixote sardo, inclusive porque ninguém mais lê nada. O seu pensamento esteve na base da aceitação, por certa esquerda, da democracia como valor universal, não estratégico, como teima em pensar o PT, apesar de negar o fato. A aceitação foi relevante na metade final da Guerra Fria, mas perdeu a importância com a queda do Muro de Berlim e o fim da União Soviética (onde Gramsci passou boa parte do tempo doente). Ele está morto, o marxismo está morto e ambos são fantasmas no cemitério de ideias da América Latina. Fantasmas podem ser ameaçadores, eu sei. Mas atualmente precisamos de, no máximo, dois *carabinieri* broncos para espantá-los. Não sei dizer até que ponto isso é bom ou ruim para a hegemonia cultural do capitalismo. Vou meditar nas ruínas de Cartago, como o general romano, e volto na semana que vem.

13.09.2019

O Doutor Maluco da Cloroquina

Viramos todos infectologistas em meio a esta pandemia. É natural. Se um meteoro gigante estivesse para chocar-se contra a Terra, teríamos nos tornado astrônomos. O dado imprevisível é que os infectologistas de verdade estão desorientados em relação ao novo coronavírus. Ele pertence a uma classe conhecida e, no entanto, o seu comportamento se mostra mais errático do que os dos seus assemelhados igualmente microscópicos. Mata quando era esperado matar e também quando não era esperado fazê-lo. É um vírus com alto grau de customização. Age não ao gosto do freguês, porque não há de se ter gosto para isso, mas de acordo com o histórico de saúde individual – e leva muita gente velha ou jovem para o hospital ao mesmo tempo. Ter só uma gripezinha ou um resfriadinho por causa dele ou parar na UTI com um quadro de infecção respiratória grave não garantem imunidade futura permanente, até onde se sabe. Há quem diga que a proteção proporcionada pelos anticorpos duraria de um a dois anos, no máximo. Se for mutável como o da gripe, a vacina salvadora terá de ser aplicada a cada ano em adultos e talvez em crianças. Sou infectologista como você.

Enquanto não há vacina ou antiviral específico – os mais otimistas dizem que a vacina virá em 2021 e o antiviral, no segundo semestre deste ano com jeito de século das trevas –, os médicos vão tentando salvar vítimas de Covid-19 brava com drogas já existentes. A mais vistosa é ela, a cloroquina, nome de guerra também da sua prima, a hidroxicloroquina. Não vou discorrer sobre as moléculas de ambas, visto que o meu conhecimento invejável a respeito da química dos remédios é, provavelmente, tão vasto quanto o seu (já nos basta a formação rápida em infectologia). A minha omissão também permitirá que eu chame ambas de cloroquina.

Eu pensava que a cloroquina – prescrita originalmente contra a malária, o lúpus e a artrite reumatoide – havia começado a ser usada na França em pacientes já praticamente desenganados por causa de Covid-19 severa. Fui informado de que não, o medicamento já havia sido utilizado na China. De qualquer forma, a cloroquina que mereceu publicidade de Donald Trump e foi parar no armário de remédios de tantos brasileiros ganhou fama graças a um médico e microbiologista francês chamado Didier Raoult, que exerce as suas artes curativas em Marselha, no

Sul da França. O dado geográfico é importante, porque se esperava que Marselha produzisse apenas sabão, a sua especialidade. Já seria uma grande contribuição para o combate ao novo coronavírus. Mas eis que esta Nápoles gaulesa também dá a sua libra de carne na forma de tratamento com cloroquina. E por meio de um personagem tão desafiador como a Marselha que, na sua exuberância mediterrânea, causa suspeitas em Paris.

Didier Raoult foi objeto de uma reportagem do jornal *Le Monde* – à exceção dos seus correspondentes na América Latina, ainda é um bom jornal. Fiquei espantado com a fotografia do sujeito que ilustra a matéria, adepto que sou da recomendação de Oscar Wilde de que só os idiotas não julgam pela aparência. Com sessenta e oito anos, ele exibe cabelos compridos e barba grisalha (cabelos mais para o branco-amarelado) de quem não vai ao barbeiro desde o Festival de Woodstock. Na verdade, Didier Raoult mudou de estilo não faz tanto tempo assim. Um jornalista de perguntas certas, que escreveu um livro sobre o hospital universitário do qual o cabeludo é professor e diretor, indagou-lhe o motivo da mudança. Ele sorriu e respondeu: *"Porque os irrita."*

Quem se irrita é o pessoal arcaico que faz testes e mais testes antes de colocar uma droga farmacêutica no mercado ou de passar a receitá-la para outra doença que não aquela para a qual ela foi criada. Não que Didier Raoult seja propriamente um charlatão. Ou um completo

Docteur Maboul (Doutor Maluco), como alguns o chamam, segundo o *Le Monde*. Até deixar os cabelos e a barba crescerem, ele seguia o caminho da monotonia triunfal da ciência. Foi um dos descobridores, em 2003, dos vírus gigantes, o que possibilitou avanços na virologia, na genética e na biologia evolutiva. Antes disso, nos anos 1980, Didier Raoult foi pioneiro nos estudos sobre as pequenas bactérias intracelulares. Ou seja, é um cientista de verdade com prova e contraprova. Ou era.

Com o tempo, a sua personalidade deu lugar ao excêntrico, na melhor das hipóteses. Negacionista do aquecimento global, por exemplo, ele chegou a escrever na revista semanal *Le Point*, em que mantinha uma coluna, que o buraco na camada de ozônio não aquecia o planeta, não. Que até o esfriava. E até o último 21 de janeiro, pelo menos, ele partilhava da mesma resolução de início de ano de Drauzio Varella: achar que a ameaça do novo coronavírus era uma histeria. Quando os chineses fecharam a província de Hubei, epicentro da pandemia do novo coronavírus, Didier Raoult disse no canal de Youtube da sua instituição que era *"delirante"* a ideia de que ali poderia nascer uma crise nas proporções que vivemos atualmente. *"Três chineses morrem e isso causa um alerta mundial. A OMS se mete nisso, fala-se disso na televisão e no rádio... Tudo isso é loucura, sem nenhuma lucidez"*, afirmou. Soa familiar.

Em meados de fevereiro, ele continuava na mesma

toada, até que, continua o *Le Monde*, anunciou o "fim do jogo" para a Covid-19. A solução era a cloroquina. Qual era a prova concreta disso? Experiências *in vitro*, não *in vivo*. Quem informou sobre esse detalhe de somenos não foi Didier Raoult, mas pesquisadores do hospital universitário que ele próprio dirige, em artigo publicado na revista *Antiviral Research*. Tornou-se urgente, então, produzir a toque de caixa resultados de experiências *in vivo*. Em 20 de março, eis que aparece um estudo na revista *International Journal of Antimicrobial Agent*. Um recorde de rapidez, como registra o *Le Monde*. Nele, Didier Raoult apontava que a cloroquina, administrada a trinta pacientes, havia obtido em quinze dias resultados positivos no tratamento de Covid-19. Pesquisadores independentes vasculharam as circunstâncias nas quais o experimento foi feito e verificaram que um paciente tratado com cloroquina havia morrido e sido excluído da amostragem, assim como foram descartados outros três cujas condições se agravaram e os levaram para a UTI. Nenhuma palavra sobre eles e nada também sobre o grupo de controle que não havia tomado cloroquina. Nesse grupo, nenhum paciente havia morrido ou ido parar na UTI. Tudo errado. Mais: o editor-chefe da revista que publicou o estudo é colaborador de Didier Raoult no hospital universitário de infectologia em Marselha e coautor.

Publica o jornal *Le Monde* que Didier Raoult tem

uma estratégia simples para se tornar o *"campeão do mundo"* em citações em revistas científicas: *"publicar a todo preço"*. Não se trata de pagar, mas de escrever artigos atropeladamente. De acordo com o jornal, até 24 de março, ele havia publicado um total de 3.062 artigos de pesquisa científica. *"Uma cifra fenomenal: grande parte dos pesquisadores publicam ao longo das suas carreiras menos artigos que o professor marselhês em alguns meses (mais de trinta desde o início do ano). Isso faz do microbiologista o mais citado internacionalmente"*, diz o *Le Monde*. Em 2012, a revista *Science* revelou que, seis anos antes, um artigo assinado pela equipe de Didier Raoult fez com que a *American Society for Microbiology* o proibisse de publicar durante um ano qualquer artigo ou estudo em revistas editadas pela entidade. Motivo: suspeita de fraude.

Et pourtant, como diria Charles Aznavour... E, no entanto, a cloroquina está aí, em uso mais ou menos controlado contra a Covid-19, a depender das latitudes e do grau de desespero. Pode ser que funcione para alguns, evitando a reprodução do novo coronavírus que toma de assalto os pulmões; pode ser que apresse a morte de doentes (já há óbitos relacionados diretamente à substância); pode ser que não faça a menor diferença para outros que iriam morrer ou sobreviver de qualquer jeito. Eu tomaria cloroquina, deixo claro, se viesse a pegar a Covid-19 e não houvesse alternativa. Estamos entregues, neste momento, a gente como Didier Raoult. Se der mais certo do que errado, os protocolos e a ética científica irão para o espaço (lembre-se de que o buraco na camada de ozônio esfria a Terra possivelmente plana). Seria irônico, não fosse menos trágico. E, assim, seremos todos infectologistas, e microbiologistas, e felizes para sempre, principalmente ele, o Doutor Maluco.

27.03.2020

COMENTÁRIO: A cloroquina não tem eficácia contra a Covid, mas deveria ter para derrubar Jair Bolsonaro, que transformou o remédio inútil em política de estado no combate à pandemia. É um dos assuntos da CPI da Covid.

Hebe e a dica sobre a Odebrecht

Ao navegar no Twitter numa das minhas madrugadas insones, me deparei com a entrevista da apresentadora Hebe Camargo ao programa *Roda Viva*, em 1987. Apenas uma mulher figurava entre os entrevistadores, mas a entrevistada nocauteou todos os homens presentes. A maioria virou minoria. Hebe não escondia a idade, como tantas mulheres maduras o faziam (não sei se ainda o fazem). Estava com cinquenta e oito anos, o meu número atual de primaveras, como se dizia, e gozava ainda mais daquela liberdade proporcionada pelas conquistas possíveis e as ilusões perdidas: a de dizer simplesmente "não" sem se importar com as consequências. É das poucas coisas boas que podem acontecer quando se ultrapassa o meio século de vida, posso atestar.

Hebe foi convidada para ir ao programa porque ela estava na moda desde que passara a frequentar o noticiário político. Em tempos de Assembleia Constituinte, Hebe havia sido alvo de Ulysses Guimarães, então vice-presidente da República, por ter criticado no seu programa no SBT o fato de os deputados encarregados de elaborar a nova Constituição terem relegado os aposentados ao segundo plano. Com o PT ainda nos seus inícios, ela puxara a orelha de um sindicalista do partido, durante entrevista no seu famoso sofá, porque ele havia incitado metalúrgicos a riscar os automóveis da fábrica em que trabalhavam, como forma de pressão para aumentar os salários. Declarava-se malufista, mas achava justas muitas bandeiras da esquerda. Horrorizara senhoras moralistas por ter dito que era ridículo uma mulher de quase sessenta anos ser obrigada a falar "*bumbum*" em vez de "*bunda*". Imitava deliciosamente Jânio Quadros. E, no *Roda Viva*, fez os entrevistadores se emocionarem ao fazer um discurso apaixonado contra os políticos aproveitadores, com o perdão do pleonasmo. Hebe não precisava de cota para dominar a cena.

Acho que me deparei com a entrevista de Hebe no Twitter porque ela voltou a estar um pouco na moda, passados oito anos da sua morte. A talentosíssima Andrea Beltrão interpreta a apresentadora na minissérie *Hebe – A estrela do Brasil*, veiculada pela Rede Globo. Não deixa de ser irônico que o canal no qual ela nunca trabalhou, vetada seguidamente pela direção da emissora, de acordo com a própria Hebe, agora a coloque na sua programação como "a estrela do Brasil". Você acabou conseguindo, querida.

Acredito que os preconceitos enfrentados por ela deviam-se ao fato de a apresentadora encarnar totalmente as ambiguidades do povo no campo da política e do comportamento. Fora da nossa bolha, inexiste este mundo de esquerda ou direita, liberal ou conservador. A esmagadora maioria das pessoas move-se livremente por sentimentos e conceitos puros, no sentido de despidos de ideologia, e eles são variáveis conforme as condições de temperatura e pressão – a questão é sempre de empatia ou antipatia, bondade ou maldade, alegria ou tristeza, saciedade ou necessidade, justiça ou injustiça, solidariedade ou egoísmo, ódio ou paixão. Isso explica o motivo de elas não verem problema em ser incoerentes ou até mesmo antípodas a si próprias em meio aos seus atos, às suas opiniões e escolhas. Isso explica, portanto, Hebe Camargo.

A minha primeira entrevista publicada na *Veja* foi com ela, em 21 de dezembro de 1994. Hebe estava com sessenta e cinco anos e completava meio século de carreira. Pelo seu sofá, passavam naquele momento, além dos atores e cantores de praxe, prostitutas, garotos de programa, viciados e muita gente indignada com Brasília, nessa indignação que só faz piorar. Para mim, a apresentadora continuava a ser principalmente uma personagem da minha infância: remetia-me às irmãs do meu pai assistindo ao seu programa e comentando as joias grandonas e maravilhosas que ela usava.

A sua personalidade esfuziante espelhava-se nos adereços e no guarda-roupa que causavam sensação e admiração. Eram prova de que a menina de Taubaté havia conseguido "chegar lá". Para as minhas tias, ela era um sonho sonhado uma vez por semana.

Foi a entrevista mais gostosa que fiz em 36 anos de carreira. Numa tarde ensolarada, sentada na varanda da sua casa no Morumbi, com vista para a piscina que ficava num plano mais baixo e, ao fundo, o horizonte de prédios de São Paulo, ela deu um show de simpatia e objetividade. Pessoas com sentimentos e conceitos puros não enrolam, concorde-se ou não com elas, aprove-se ou não a sua conduta. Procurei dar um caráter mais político à conversa, como havia combinado com a minha editora na época. Vou reproduzir dois trechos:

Eu, provocativo: *"A senhora aceitaria um convite do bispo Edir Macedo, da Igreja Universal do Reino de Deus, para levar o seu programa para a Rede Record?"*

Hebe: *"Acho difícil, porque gosto de falar em Deus, na Igreja Católica, e uso um terço no pulso quando faço programa, presente da Maricy Trussardi. Na televisão dele, ao que parece, tudo isso é proibido. Fico com pena das pessoas que lotam os estádios para ouvir os pregadores evangélicos. O reino de Deus é realmente um grande negócio — basta ver as sacolas e sacolas de*

dinheiro que saem do Morumbi e do Maracanã após os encontros promovidos por esses pastores."
(Sim, Deus é um grande negócio e agora chegou ao poder.)

Eu, bem chato: "*A senhora vive numa bela casa de muros altos, tem uma valiosa coleção de joias e costuma gastar em restaurantes quantias inimagináveis para os moradores das favelas que existem não muito longe do seu jardim. O abismo entre as classes sociais brasileiras não lhe parece extremamente profundo?*"

Hebe: "*Nunca escondi o fato de viver na opulência. Só que o meu padrão de vida foi conquistado à custa de trabalho. Posso ostentar minhas joias porque paguei por todas elas. No meu tempo não existia a Odebrecht. O abismo social existe, é claro, mas acho que também é muito fomentado. Hoje, ninguém tem o direito de melhorar. Quem sobe na vida é olhado com desconfiança.*"
(Sim, senhores, Hebe disse que, no tempo dela, "*não existia a Odebrecht*". Foi mais uma a dar a dica onze anos antes da eclosão do mensalão – e ninguém foi atrás, alguns por conveniência. Os burros éramos nós, não ela, tantas vezes depreciada por jornalistas e intelectuais.)

Terminada a entrevista, ela me disse: "*Você, com essa carinha, vai tirando respostas da gente... Quero te mostrar uma coisa.*" E me convidou para descer até a pequena casa ao lado da piscina. Ao entrar na casa, ela me mostrou um papagaio de brinquedo. "*Comprei em Miami, é de pilha, uso para descarregar a tensão*", disse Hebe, ligando o papagaio. Deu-se a seguinte cena:

"*Filho da puta!*", gritou Hebe para o papagaio.
"*Filho da puta!*", respondeu o papagaio.
Ela deu a sua gargalhada, eu um pouco atônito.
"*Vai tomar no cu!*", gritou Hebe.
"*Vai tomar no cu!*", devolveu o papagaio.
Gargalhamos juntos.
"*Agora você*", disse ela.
"*Vai pra puta que te pariu!*", gritei.
"*Vai pra puta que te pariu!*", repetiu o papagaio.
Mais gargalhadas.
"*Gostei de você. Achei que você estava precisando*", disse ela.
"*Eu também gostei de você, Hebe*", respondi.

Nunca mais nos vimos. E eu nunca mais gargalhei como naquele dia.

04.09.2020

Me engana, me bate, que eu gosto

Estou nas últimas páginas de um romance intitulado *Cadernos de uma submissa provinciana*, da autora belga Caroline Lamarche. É perturbador porque se trata exatamente disso, dos registros minuciosamente gráficos da relação entre uma masoquista e um sádico. Não há jogo simplesmente erótico, mas sevícias extremas a que a personagem se sujeita e das quais extrai o prazer de ser anulada como um corpo desprovido de qualquer essência. Ela e o seu seviciador têm um contrato que, de verbal, é transposto para um acordo escrito pelo qual ele pode fazer praticamente tudo com a submissa, como se cumprisse o negativo de uma certidão de casamento. Por meio da dor que lhe é infligida pelo outro, ela busca fugir de si mesma – e o seviciador também procura escapar de si próprio ao aplicar os castigos à sua presa. Ela é a Raposa e ele, o seu Mestre. Perder os nomes próprios faz parte do processo.

A literatura francesa, na qual estão incluídos os autores belgas da Valônia, é pródiga em obras sobre o tema da servidão e correlatos, em diferentes planos. Desde o plano eminentemente político, como o *Discurso da servidão voluntária*, de Etienne de la Boétie, o meu amigo do século XVI para quem só existem povos escravos porque há os que estão dispostos a desempenhar esse papel, até o plano predominantemente sexual, como os contos proibidos do Marquês de Sade, cujo nome deu origem ao termo "sadismo". Sade capitaneia uma geração de autores do século XVIII, entre os quais Choderlos de Laclos, autor do romance *As ligações perigosas*. No século passado, em complemento à lista, Georges Bataille enveredou pela tradição dos libertinos, mas com acentos próprios, ao publicar o romance *História do olho* – que deixou furioso o senhor que viria a ser o meu primeiro sogro, depois que ele pegou a filha lendo o romance presenteado por mim. Mesmo os libertinos do século XVIII, porém, têm o fator político como pano de fundo das suas obras. Eles eram contra a monarquia absolutista, e nas suas peripécias literárias retratam a degradação de quem dominava.

Apesar da prodigalidade francesa no assunto, a palavra "masoquismo" é de origem austríaca. Deriva do sobrenome do nobre Leopold von Sacher-Masoch, que escreveu a novela *A Vênus das peles*, baseada na sua experiência real com a escritora Fanny Pistor. Eles assinaram um contrato estabelecendo que Sacher-Masoch seria escravo sexual de Fanny durante seis meses (o eco desse contrato está no livro de Caroline Lamarche). Essa perversão foi batizada de "masoquismo" pelo psiquiatra Richard Krafft-Ebing, igualmente austríaco. De acordo com J. Laplanche e J. B. Pontalis, autores do *Dicionário da psicanálise*, Krafft-Ebing já havia notado uma ligação perigosa entre as perversões sádica e masoquista, sublinhada por Freud. Escreveu o Charlatão de Viena (a alcunha contém ironia): "*Um sádico é sempre ao mesmo tempo um masoquista, o que não impede que o lado ativo ou o lado passivo da perversão possam predominar e caracterizar a atividade sexual que prevalece.*" É importante deixar claro que não existe conotação moral na definição psicanalítica de perversão. É apenas uma variante da sexualidade, que se mantém legítima enquanto não ultrapassa limites.

Se você conseguiu ler este artigo até aqui e se está perguntando aonde quero chegar, explico: ao Brasil. Ao ler o livro de Caroline Lamarche e lembrar da literatura libertina da qual o seu romance é herdeiro, ocorreu-me a ideia de que somos um povo sadomasoquista. Na nossa mobilidade social rápida e peculiar, dominadores de hoje eram dominados de ontem e dominados atuais serão dominadores de amanhã. Eles apenas mudam da posição masoquista para a sádica, o que representa a manutenção da mesma perversão. Há um aspecto psicossocial na certeza – na esperança – de que qualquer um que chegar ao poder repetirá o que vem sendo feito desde sempre, e esse aspecto está no âmbito da perversão. O nosso sistema escravocrata interior não foi abolido, expandiu-se. Independe das etnias, é nacional.

Permanecemos escravos de nós mesmos, sob o jugo de senhores que, ao cumprir o trajeto entre a senzala e a casa-grande sociais, apenas reafirmam o nosso sadomasoquismo geral. Como não ver esgares sádicos na maneira como ministros do STF usam e se referem às mensagens roubadas da Lava Jato, uma operação que poderia ajudar a nos resgatar do calabouço secular? Como não ver sevícias infligidas prazerosamente à nação nas votações noturnas do Congresso que contrariam avanços institucionais? Como não ver uma forma de prazer perverso na maneira como os diversos presidentes da República engabelaram o país, e que atingiu o seu paroxismo no sociopata que ora é inquilino do Planalto e literalmente asfixia com seus instrumentos de poder?

Diante da nossa atitude inerte em relação aos sádicos, como não concluir que há gozo masoquista da nossa parte? Um gozo que subjaz à nossa ignorância e a perpetua? Um gozo que nos faz apenas gemer? Como não ver na nossa resignação, na nossa passividade, quebrada por raríssimos momentos de reação, comparáveis às breves rebeliões da Raposa contra o Mestre, o prazer masoquista de quem se deixa chicotear, algemar, maltratar, roubar, escarnecer? Somos submissos provincianos, a nossa única identidade real é a submissão, eis a luz que se acendeu durante a leitura do romance de Caroline Lamarche. Só a perversão psíquica explica a perversidade sociopolítica brasileira. Essa perversão cresceu e se multiplicou, dada a falta de freios, e ultrapassou limites, passando a ser imoralidade contínua em todas as esferas.

Sem o arsenal psicanalítico, armado tão-somente de história, Etienne de la Boétie indagou: "*Então, que monstro é esse que ainda não merece o título de covardia, que não encontra um nome feio o bastante, que a natureza nega-se ter feito, e a língua se recusa a nomear?*". O monstro, para ele, é a servidão voluntária. Mas o que a sustenta está muito além do que La Boétie seria capaz de formular no seu tempo. É o sadomasoquismo. No Brasil, ele se mistura de tal forma ao caráter nacional, que achamos ser a nossa única forma de existência (ou de não existência). E da qual, sim, auferimos um prazer imenso, não importa o lado em que estejamos. Somos perversos mesmo quando somos vítimas, porque somos vítimas de nós próprios através do outro que nos domina. Me engana, me bate, que eu gosto.

05.03.2021